MARTHE
LA BLANCHISSEUSE

— LA VÉNUS D'ARLES —

PAR

MÉRY

NOUVELLE ÉDITION

PARIS
MICHEL LÉVY FRÈRES, ÉDITEURS
RUE AUBER, 3, PLACE DE L'OPÉRA
LIBRAIRIE NOUVELLE
BOULEVARD DES ITALIENS, 15, AU COIN DE LA RUE DE GRAMMONT

1874

Droits de reproduction et de traduction réservés

COLLECTION MICHEL LÉVY

ŒUVRES COMPLÈTES

DE

MÉRY

MARTHE LA BLANCHISSEUSE

MICHEL LÉVY FRÈRES, ÉDITEURS

ŒUVRES COMPLÈTES
DE
MÉRY
FORMAT GRAND IN-18

L'ASSASSINAT.	1 vol.
LE CHATEAU DE LA FAVORITE.	1 —
LE CHATEAU DES TROIS TOURS.	1 —
UN CRIME INCONNU.	1 —
LES JOURNÉES DE TITUS.	1 —
MONSIEUR AUGUSTE.	1 —
LES MYSTÈRES D'UN CHATEAU.	1 —
LES NUITS ANGLAISES.	1 —
LES NUITS D'ORIENT.	1 —
POÉSIES INTIMES.	1 —
THÉATRE DE SALON.	1 —
NOUVEAU THÉATRE DE SALON.	1 —
LES UNS ET LES AUTRES.	1 —
URSULE.	1 —
MARTHE LA BLANCHISSEUSE.	1 —
LA VIE FANTASTIQUE.	1 —
LA COMTESSE HORTENSIA.	1 —
MARSEILLE ET LES MARSEILLAIS.	1 —
LES NUITS ESPAGNOLES.	1 —
UN AMOUR DANS L'AVENIR.	1 —
ANDRÉ CHÉNIER.	1 —
LE BONNET VERT.	1 —
LE CARNAVAL DE PARIS.	1 —
LA CHASSE AU CHASTRE.	1 —
LE CHATEAU VERT.	1 —
UNE CONSPIRATION AU LOUVRE.	1 —
LES DAMNÉS DE L'INDE.	1 —
LE DERNIER FANTOME.	1 —
LES DEUX AMAZONES.	1 —
UNE HISTOIRE DE FAMILLE.	1 —
UN HOMME HEUREUX.	1 —
UN MARIAGE DE PARIS.	1 —
L'AME TRANSMISE.	1 —
LES NUITS ITALIENNES.	1 —
SALONS ET SOUTERRAINS DE PARIS.	1 —
LE TRANSPORTÉ.	1 —
TRAFALGAR.	1 —
LA FAMILLE D'HERBIER.	1 —
LA JUIVE AU VATICAN.	1 —
DEBORA.	1 —
LA CIRCÉ DE PARIS.	1 —
LE PARADIS TERRESTRE.	1 —

D. Thiéry et Cie. — Imp. de Lagny.

A Monsieur Justin F***, d'Arles.

Permettez-moi de vous dédier cette histoire ; vous êtes le dernier des Romains d'Arles, la ville saccagée par Abdérame et si admirablement meublée par deux Empereurs artistes : Constantin et Gallus.

J'ai essayé de faire un plaidoyer indirect en faveur des jeunes Arlésiennes et de leur costume primitif, si charmant; l'avenir me fera perdre mon procès, je le crains; mais n'importe, j'aurai fait mon devoir de Provençal.

Le costume des nationalités va disparaître; déjà

la crinoline flotte sur les deux hémisphères du globe; la rue Vivienne habille la reine de Madagascar. Il y a encore, dans les forêts vierges de l'Amérique du Sud, quelques tribus sauvages, restées fidèles au costume du paradis terrestre; mais, grâce aux chemins de fer, qui, au premier jour, vont traverser ces asiles de la nature primitive, les Natchez, les Mohicans, les Osages prendront le paletot, et leurs femmes viendront s'asseoir aux comptoirs des buffets des stations, avec des robes de Lyon de six pieds d'envergure. Tout le monde ressemblera à tout le monde et parlera français.

Notez bien qu'il est impossible de déclamer contre la tyrannie que la mode parisienne exerce sur l'univers connu et inconnu. Paris est le meilleur enfant du monde; il n'oblige personne à s'habiller comme lui; il ne menace pas d'une invasion les pays rebelles à ses lois somptuaires ; il n'envoie pas de missionnaires chez les sauvages pour les convertir à la religion de sa mode. Tout au contraire ; ses journaux, ses comédies, ses vaudevilles décochent, depuis cinq ans, des épigrammes contre l'extravagance des crinolines ; on annonce que cette mode a fait quatre-vingt mille victimes depuis son invention ; que les femmes se brûlent par centaines, en Angleterre, en côtoyant une cheminée, un bout de cigare, une allumette chimique. Paris sonne l'alarme, chaque jour ; et, à chaque coup de tocsin, la mode de Paris fait une conquête nouvelle ; elle vient d'envahir la Nouvelle-Hollande et la terre de Van-Diemen ; c'est l'épidémie de l'univers.

S'il y a au monde une forêt vertueuse et primitive, c'est la forêt Noire, malgré la mauvaise réputation que lui ont faite les drames menteurs du boulevard. Cette collection de sapins a trente lieues de longueur. Je la connais dans tous ses recoins ; il y a de ces chaumières que Rousseau aimait, *les chaumières habitées par la modération et la vertu* (voir la prosopopée de Fabricius), je crois même que ces chaumières n'existent plus que dans ce coin de l'Allemagne ; eh bien, je me suis souvent arrêté le dimanche, dans un *berg*, un *hoff* ou un *heim* quelconque de cette forêt, un village de cent âmes, comme dit Vosgien ; les femmes ont gardé leur joli costume de la mode d'Arminius, et je m'en réjouissais. Tout à coup, à l'heure du prône ou du prêche, la porte d'une maison à volets verts s'ouvre, et la femme et les filles du bourguemestre sortent avec le costume parisien, et font l'admiration des paysannes, qui les imiteraient le lendemain si elles passaient grandes dames par le coup de baguette d'une fée du Rhin.

Cette Histoire vraie que je vous envoie renferme une moralité ; elle est un peu obscure, comme toutes les moralités timides ; aussi, je vous fais ces lignes de préambule pour l'expliquer clairement. Le costume arlésien a commencé la fortune de Marthe, l'héroïne de cette histoire. Si cette jeune fille eût enseveli ses charmes dans l'envergure d'une crinoline, elle n'aurait pas été remarquée par le jeune voyageur allemand. La belle Isis passait inaperçue comme une simple grisette, habillée par le mensonge. Je vous recommande donc cette moralité, cher ami, propagez-la chez le sexe arlésien, sexe deux fois beau, et puisse l'antique mode du *rosé* de Constantin charmer toujours les voyageurs, aux dix minutes d'arrêt de la gare de votre chemin de fer !

M...

LA VÉNUS D'ARLES

I

L'IDÉAL D'UN ÉTUDIANT

Nous recevons en France une éducation pleine de bon sens ; elle nous conseille des choses raisonnables toute notre vie ; mais elle a le tort de nous rendre intolérants à l'égard de nos voisins d'outre-Rhin et d'outre-Manche, lesquels se permettent parfois des excentricités originales qui prennent leur source sur les bancs d'Oxford et de Heidelberg. Chez nous aussi, les nourrices et les

femmes de chambre, ayant charge d'enfants, se
mettent quelquefois à l'écart, et, malgré la défense paternelle, font à leurs petits élèves de
stupides contes de fées ou de revenants. La seconde éducation et les discours des pères corrigent ensuite ces fautes de la domesticité, et,
sauf de rares exceptions, les adolescents se moquent des revenants et des fées. Aussi, nos plus
grands musiciens n'ont jamais pu traiter le
fantastique et le surnaturel avec cette conviction sérieuse qui nous a donné les immortels
chefs-d'œuvre de Weber et de Mozart. Ces deux
merveilleux poëtes n'ont jamais abjuré le culte
des fées et des fantômes, et ils le prouvent dans
leurs sublimes partitions de *Freyschutz* et de
Don Juan.

Les légendes du Rhin, du Danube, du Neckar,
de la Mersey, de la Clyde, des montagnes d'Écosse et des lacs de Killarney, font partie de l'éducation allemande et anglaise, et les pères qui

ont oublié cette mythologie locale l'apprennent encore de leurs enfants dans les longues veillées de l'hiver.

Ce goût du merveilleux engendre le dédain du banal, et met parfois les jeunes gens sur des sillons nouveaux, antipodes des ornières de la vie commune et bourgeoise. Quand on a vécu jusqu'à vingt ans dans le commerce des esprits légendaires, on se croit un peu de leur famille, et on ne veut pas imiter un bonhomme de voisin qui copie exactement la vie de son père, dans une boutique inconnue des fées, des sylphes et des revenants.

C'est peut-être un malheur au point de vue économique ; mais ce malheur n'est pas grand, il est permis de ne pas le déplorer.

Heidelberg est une ville délicieuse, un phénix de ville qu'une fée, l'ondine du Neckar, a l'habitude de faire renaître de ses cendres toutes les fois qu'on la brûle, et on l'a brûlée souvent. Son Université n'a pas son égale pour la solidité de ses études, la science de ses professeurs et l'intelligence laborieuse de ses élèves.

Les étudiants ont très-peu de loisirs à donner aux récréations de leur âge ; on les voit passer par groupes, à certaines heures de vacances, sur les bords enchantés du Neckar ou dans le parc de la promenade des ruines. Ce sont de charmants jeunes hommes, coiffés à l'orientale, vêtus avec une élégance uniforme et marchant d'un pas joyeux à la conquête de leur avenir.

Un jour d'été de 1859, cette belle jeunesse fut atteinte d'une épidémie non classée dans le dictionnaire des sciences médicales.

Les charmants universitaires devinrent tous, en masse, subitement amoureux de la maîtresse de l'hôtel *Zœhringen*. L'étude trop approfondie de l'*Odyssée* et du caractère de Pénélope fut peut-être pour quelque chose dans cet incendie universel. Plus polis et mieux élevés que les prétendants d'Ithaque, ils venaient s'asseoir à l'immense table de Pénélope; mais ils payaient la carte et respectaient les treize poiriers de Laërte dans le jardin.

L'Ulysse de Zæhringen arriva de Paris, où ses affaires l'avaient retenu, et apprit le même jour, par le rapport de ses domestiques, l'embrasement moral de sa maison. Pareille chose était arrivée à Paris, en 1812, au café des *Mille Colonnes*, et l'Ulysse du Palais-Royal avait spéculé sur l'incendie de l'École polytechnique et fait fortune en laissant ses flèches dans le carquois; mais autre pays, autres mœurs. Le mari allemand était millionnaire, grâce à notre Mélac, le Salvator Rosa du canon; il pria sa femme de quitter sa broderie, — les Allemandes brodent toujours, et mieux que Pénélope, — et, fermant les portes de son hôtel, il déménagea en famille et disparut dans les nuages du chemin de fer.

Un seul étudiant n'avait pas été atteint par l'épidémie; il se nommait et se nomme encore Léopold Kastel, natif de Durlak, localité voisine de Heidelberg.

Il avait l'âge heureux de vingt et un ans, et il était obligé de se marier par ordonnance de famille. Tous les Kastel qui s'étaient mariés jeunes prolongeaient leur vie jusqu'à l'âge le plus avancé; tous les Kastel qui s'étaient mariés après vingt-quatre ans ou qui s'étaient obstinés dans le célibat étaient morts à la fleur de l'âge : une expérience faite pendant deux siècles dans cette famille avait pris l'autorité d'une loi.

La mère de Léopold connaissait l'épidémie de Zæhringen, et elle voyait avec joie que son fils ne suivait pas ses camarades à la table de Pénélope. Le sage jeune homme consacrait toutes ses soirées à l'étude de l'antiquité égyptienne; il lisait Hérodote, et descendait même jusqu'à *Sethos*. Très-souvent sa mère le surprenait contemplant une vieille gravure jaunie qui remontait aux premiers essais du burin allemand.

Léopold était fils unique et dernier rejeton de la noble famille des Kastel. Il y avait urgence de mariage.

Un soir madame Kastel entra dans le cabinet de son fils, et, le faisant asseoir sur ses genoux, comme aux heureux jours de l'enfance, elle lui dit :

— Te voilà grand, beau et fort, mon fils, et je vois avec douleur que tu ne songes pas à t'établir. Sans doute l'étude et la retraite sont de belles choses, mais il ne faut pas en abuser.

— Mère chérie, dit Léopold, je vous l'ai souvent dit, je me marierai quand je trouverai une femme.

— C'est insensé, ce que tu dis là, mon enfant ; nous sommes dans un pays où les jeunes filles abondent ; regarde autour de toi, dans le voisinage et dans les familles de nos amis... Veux-tu que je te les nomme?

— Inutile, interrompit Léopold. Le mariage est

une chose grave; le bonheur de la vie dépend du choix d'une femme, et mon idéal n'est pas ici.

— Et où est-il, ton idéal?

— Je n'en sais rien, ma mère. Il faudrait à mes amours la jeune fée du *Hornisgrinde,* ou la nymphe de notre Neckar, la nymphe chantée par Justinus Kerner et enlevée par le *Wassermann.*

— Ah! mon Dieu! s'écria la mère, si tu attends une nymphe de nos légendes pour te marier, tu... Je ne veux pas achever la phrase, elle me ferait pleurer.

— Chère mère, reprit Léopold, que voulez-vous! c'est ainsi... Il m'est impossible d'aimer une de nos voisines, avec leurs chapeaux de Paris et leurs crinolines extravagantes. C'est antipathique à toutes mes études.

— Mais commence par l'épouser, dit la mère, et, après le mariage, tu la feras coiffer et habiller à ton goût.

— Ma mère, reprit Léopold, vous êtes femme, et vous ne connaissez pas les femmes! Jamais je ne parviendrai à me faire obéir quand ce tyran parisien nommé la mode aura parlé. Toute ma vie, j'aurai devant mes yeux une nymphe en crinoline. A quoi bon alors passer sa jeunesse dans la société des femmes idéales? Pourquoi fréquenter Titania, Isis, Éloa? pourquoi gravir les pentes du Venusberg et s'enivrer d'amour pur et de poésie idéale dans le gynécée aérien, s'il faut se promener ensuite toute sa vie en donnant le bras à un chapeau de la rue Vivienne, un corset qui est allé à la pêche de la baleine, et une robe de quinze pieds d'envergure? Pourquoi m'avez-vous envoyé à l'Université, à l'école du beau? Il fallait faire de moi un *kelner* d'auberge ou un brasseur!

— Allons, dit la mère avec tristesse, il ne se mariera jamais.

— Je n'ai pas dit cela, reprit Léopold. Le monde est grand et rempli de femmes. Je puis trouver ailleurs ce que je ne trouve pas ici. Il y a des roses partout, mais la rose que j'aime ne s'épanouit qu'à l'ombre noire des ébéniers de Java, et il n'y en a qu'une, à Stuttgard, dans les serres du palais moresque du roi de Wurtemberg. Rassurez-vous, mère chérie; je vais me mettre en voyage et je trouverai.

— Tu pars pour Java? s'écria la mère épouvantée.

— Non, je vais dans le voisinage des cités de France, ici tout près, en Égypte. Six jours de traversée.

— Et tu crois que ton idéal est en Égypte, un pays où les femmes sont noires comme le charbon et maigres comme du jambon fumé?

— Erreur, ma mère; il y a en Égypte, comme partout, des femmes de toute nuance, des femmes de sang croisé, des brunes blanches comme des blondes, et qui, par tradition, conservent le costume du règne des Ptolémées...

— Ah! mon enfant, tu en sais trop! interrompit la mère.

— Tenez, reprit Léopold, regardez cette gravure... Comment trouvez-vous cette femme?

— Affreuse!

— Vous êtes femme, vous ne pouvez pas juger une femme... Cette gravure a été inspirée par un chapitre de Plutarque; elle représente la reine Cléopâtre en costume d'Isis... Voyez ces bandelettes... ce corsage... cette tunique... Comme tous ces détails de toilette rendent justice à la femme!... Pas un mensonge!... l'étoffe est vraie comme la nature... Et admirez ce visage au profil grec, — la reine d'Égypte était Grecque, — ce front pur... ces yeux doux et vifs... ce col si gracieusement attaché... et ce merveilleux ensemble de lignes suaves qui composent la femme véritable... N'admirez-vous pas cela, ma mère?

— Eh bien, oui, je l'admire, mon fils, et je

crois que l'original de ta gravure est très-facile à trouver.

— Pas en Europe, ma mère.

— Soit... Mais tu connais la devise de notre maison. Point de mésalliance; le premier des Kastel était fier comme un baron autrichien, et ses enfants ne doivent pas dégénérer. Il y a des femmes de distinction partout, et la beauté se trouve presque toujours dans les familles de race... Entends-tu, mon fils?

— Oui, ma mère; croyez que, si je trouve une belle baronne égyptienne, je l'épouserai de préférence à la fille d'un fellah.

II

Minuit sonnait à l'horloge de la place du Marché; la mère, devinant l'intention de Léopold, l'embrassa tendrement comme s'il eût été à la gare du chemin de fer.

Cette gare de Heidelberg est charmante au regard du voyageur; elle annonce bien l'incomparable grâce de la ville, avec ses arcades à pierres rouges où s'enlacent et grimpent les feuilles et les fleurs.

C'est là que Léopold, trois jours après cet entretien, fit ses adieux à sa mère : il venait de se munir d'une excellente carte d'Égypte, achetée Grande-Rue, vis-à-vis l'hôtel du prince Charles.

— Mon fils, ne te mésallie pas! Ce furent les dernières paroles que prononça la mère dans le dernier adieu.

En attendant les chemins de fer de l'avenir, qui vaudront mieux que sa musique, il faut avouer que, tels qu'ils sont, ils rendent encore d'énormes services au présent. Le surlendemain, Léopold arrivait à la station d'Arles. Paris n'arrêta point le jeune voyageur; il avait traversé, les yeux clos, cette capitale des crinolines et des chapeaux de satin insurgés.

— Y a-t-il quelque chose de curieux à voir à Arles? demanda Léopold à un gros voyageur qui dormait même en veillant.

— Non, monsieur, répondit le colis en paletot; on y vend du saucisson excellent, et qui a fait la réputation de cette ville.

Le fromage, les pâtés et le saucisson ont porté un tort infini à trois villes des plus remarquables : Chester, un vrai bijou de fabrique anglaise, Chartres et Arles; Arles, cet Herculanum français, englouti par le volcan sarrasin. Il serait déjà tout déblayé, s'il n'avait pas la réputation de vendre une denrée de charcuterie qui se fabrique à Marseille.

Un jeune homme, qui avait entendu la réponse du colis, dit à l'oreille de Léopold :

— Ce monsieur est un imbécile; Arles est une ville égyptienne, avec un delta sur le Rhône, qui vaut bien le delta du Nil, et des ruines qui valent mieux que les ruines de Thèbes; mais absence complète de saucissons.

Léopold bondit de joie, remercia le voyageur, prit sur l'étagère du wagon une valise contenant à peu près le bagage de Bias, et descendit.

Arles se nommait Segoregium sous les Tarquins. Le Phocéen Protys, arrivé de Thessalie cinq cent-trente ans avant Jésus-Christ, fonda Marseille et vint chez le roi de Segoregium pour épouser sa fille.

A cette époque, dit-on, les femmes étaient noires, mais laides, dans le delta du Rhône. Le mistral, alors jeune et vigoureux, dit Strabon, soulevait des cailloux de la Crau comme des grains de sable, et renversait le cheval et le cavalier, comme dans le cantique de Moïse, *equum et ascensorem*.

Ce Borée s'est affaibli, comme tous les fléaux qui vieillissent, et il ne s'associe plus avec un soleil équatorial pour brûler et décharner le visage des Arlésiennes. Constantin et Gallus, deux empereurs artistes, ont meublé Arles; ils lui ont donné des monuments magnifiques et des promenoirs peuplés de belles statues. Alors est arrivé, pour Arles, le phénomène remarqué à Athènes, à Rome, à Syracuse, et, plus tard, à la rue de Rivoli, vis-à-vis le jardin des Tuileries.

Ces musées en plein air ont frappé la vive imgination des femmes en pouvoir de Lucine, et les traits divins de tant de statues de déesses se sont reflétés sur les visages des jeunes filles. Le moule une fois donné, la beauté des femmes s'est perpétuée après la ruine des musées. Rome, Athènes, Syracuse et Arles ont gardé le privilége féminin, transmis par la sage antiquité.

Léopold déposa son léger bagage dans la première auberge qu'il rencontra, et se lança au hasard sur les sillons de poussière blanche qui semblait venir du désert d'Ammon ou de Ghizeh.

La lumière tombait en pluie d'or sur les colonnes du théâtre de Constantin et les hauts portiques de l'amphithéâtre de Gallus. Le Rhône, large comme le Nil, roulait des étincelles, en se précipitant vers l'horizon de la mer.

La ville était déserte au coup de midi, pour cause de solstice d'été.

Léopold passa devant le Musée, et le gardien lui proposa d'entrer.

Pareille offre n'est jamais refusée par un voyageur artiste. Léopold entra et fut saisi d'admiration en voyant toutes les magnificences exhumées du sol arlésien; la beauté des têtes de femme le frappa surtout.

— Ces statues, pensa-t-il, ont été ciselées ici par les grands artistes d'Agrippa, les contemporains des architectes du pont du Gard, et il fallait que les modèles vivants fussent bien beaux. Quels types merveilleux! quels profils adorables! Cléopâtre et Isis ont posé devant les Praxitèle de ce pays grec et romain.

Quand il sortit du musée, le vent soufflait du Rhône et donnait un peu de fraîcheur.

En cherchant à s'orienter pour rentrer à l'auberge, il laissa tomber les yeux sur une fenêtre basse et ce qu'il vit le cloua par les pieds sur le pavé!

Isis avait quitté Osiris, et, appuyée sur le rebord de la fenêtre, dans une pose de sphynx, elle regardait attentivement Léopold, avec des yeux qui pouvaient fixer le soleil, car ils semblaient être un double produit de ses rayons. La jeune fille, coiffée à l'égyptienne, portait le collier et les boucles d'oreilles trouvés dans les hypogées d'Ipsambul. Son corsage, bariolé de couleurs charmantes, annonçait une taille fine et une robe indépendante des modes de Paris.

Léopold, élevé dans le respect de la femme, comprit qu'il commettrait un acte d'impolitesse en stationnant comme un terme devant Isis, toujours immobile; il continua donc son chemin, mais après avoir attentivement remarqué la maison, le numéro, la rue et le quartier.

Il avait passé deux nuits blanches depuis son départ de Heidelberg; il alla demander le repos au sommeil, en se promettant bien de revoir son Isis le lendemain.

Dans cette première nuit, il fit des rêves d'Hérodote et de Plutarque. Il se promenait avec Isis au milieu des sphynx qui bordent l'avenue du temple de Luxor, et il leur confiait le secret de son amour. Il cueillait des lotus jaunes sur les bords du Nil et en faisait une couronne pour l'Égyptienne d'Arles, et puis il se réveillait en sursaut, à la voix tartaréenne du grand sphynx de Ghizeh, qui lui criait en allemand :

— Méfie-toi d'Osiris.

Le lendemain, ayant repris ses forces, après un excellent déjeuner et un long sommeil, il suivit un chemin bien connu, et retrouva aisément la maison d'Isis.

Toutes les fenêtres étaient ouvertes, comme pour faire respirer à l'intérieur la suave fraîcheur du matin. Il se promena longtemps, d'un bout de la rue à l'autre, et aucun visage ne se montra. Le sphynx s'était envolé de son piédestal. Un OEdipe avait peut-être deviné son secret.

Le front courbé par la tristesse, il quitta la rue, et, marchant au hasard, il arriva aux bords du Rhône, coloré des teintes roses du matin.

Une corruption stupide a changé le beau nom grec de *Rhodon* (rose) en Rhône, qui ne signifie rien. Le peuple provençal, mieux inspiré, a conservé l'ancien nom : il appelle ce beau fleuve : *Rosé*.

Quatre jeunes filles, coiffées à l'égyptienne, armées du battoir et courbées sur le fleuve, lavaient du linge, en chantant en chœur, avec des voix mélodieuses, cette ravissante chanson du pays :

> Dé bouen matin mi siou levado,
> A la fouen iou siou anado,
> Moun amourous m'a rescountrado [1].

Léopold, en sa qualité d'Allemand, fut ravi de cet air, et, s'approchant de plus près, il reconnut deux boucles d'oreilles égyptiennes et un frag-

[1] « Je me suis levée de bonne heure ; je suis venue à la fontaine, où mon amoureux m'a rencontrée, etc. »
Remarquez en passant les rimes ; jamais elles ne sont négligées dans les poésies provençales et dans les proverbes du terroir.

ment d'épaule nue, volé à Paros et ciselé par Praxitèle.

Cette fois, Isis se révélait complétement aux regards de Léopold ; *ses regards errèrent et moururent*, comme dit le grave Montesquieu, dans le *Temple de Gnide*.

Tout à coup un souvenir de Heidelberg le fit tressaillir et s'enfonça dans son cœur comme un coup de poignard.

— Il m'est défendu d'aimer cette jeune fille, pensa-t-il.

« Ne te mésallie jamais, » m'a dit ma bonne mère. Oh! si elle savait que j'ai eu un instant la pensée d'aimer et d'épouser une blanchisseuse, je serais maudit et déshérité! Partons. Que les chemins de fer soient bénis! Ils vous lancent en trois heures à cinquante lieues d'un péril de cœur.

Et en disant : « Partons, » il s'assit sur une touffe de gazon et resta.

Il aurait voulu fermer ses oreilles pour ne pas entendre la voix de la sirène du Rhône, et, malgré lui, il écoutait la chanson provençale, dont la musique était notée par l'amour.

III

LE PROMENOIR DU RHÔNE

Les battoirs cessèrent d'accompagner en cadence le chant des jeunes filles. Le travail était fini, et le soleil allait recommencer la chaude journée de la veille.

Isis et ses trois compagnes se levèrent pour suspendre aux cordes du séchoir le linge blanchi. Lépold les suivit des yeux, et trouva les trois autres presque aussi belles que la première.

Un souvenir mythologique lui inspira cette réflexion d'étudiant :

On dirait que Vénus et les trois Grâces, ennuyées de l'étiquette de l'Olympe, ont embrassé le métier de blanchisseuse pour s'amuser un peu.

Isis avait reconnu le beau jeune homme de la veille, et elle se livrait à toutes les folles évolutions d'une coquetterie enfantine : faisant éclipser sa figure par l'ombre des arbres ; la rendant tout à coup au soleil pour mieux éblouir, et tourbillonnant sur l'herbe, comme à la *farandoule*, pour montrer ses jolis bas jaunes, finement étirés sur la cheville, et la merveille de ses petits pieds

Léopold n'avait jamais rien vu de pareil aux bords du Neckar, et il se prouva que la nymphe de la légende, la jeune fille enlevée par le *Wassermann*, n'aurait pas chaussé les souliers de la Vénus d'Arles. Cette pensée le rendit au souvenir de sa mère, et il s'arracha, cette fois, violemment à ce tableau si doux et si périlleux.

— Je n'ai pas encore écrit une lettre à Heidelberg depuis mon départ : le plus beau des amours est l'amour filial, pensa-t-il ; allons écrire à ma mère.

Il prononça tout haut le nom de sa mère, pour le rendre plus émouvant à ses oreilles et plus impérieux à son cœur, et il s'éloigna, comme si un serpent se fût montré sous son siége de gazon.

Rentré dans sa chambre, il s'assit pour écrire, et une idée subite tomba dans son cerveau au moment où il était indécis pour savoir s'il fallait mettre *Arles* ou *Marseille* en tête de sa lettre. Pourquoi s'est-il arrêté à Arles ? Sa mère pouvait s'adresser cette demande et s'en faire un souci. La moindre chose est une inquiétude pour le cœur maternel.

— Ma bonne idée me sauve, dit-il, et je puis dater d'Arles ma lettre.

Et il écrivit ce qui suit :

« Arles, août 1859.

« Chère mère,

» En allant en Égypte, je me suis arrêté à Arles pour voir les ruines de cette ville ; je devais cette politesse aux Français, qui enrichissent nos hôtels pour visiter les ruines de notre Heidelberg. Toutefois, je te dirai en confidence que notre château, tel que la guerre du Palatinat l'a fait ou défait, est toujours la merveille de l'Allemagne et du monde.

» Arles est une ville très-ancienne. Les dames y chantent même d'anciennes chansons grecques et suivent les nobles exemples des princesses Andromaque, Nausicaa et Iphis, la fille du roi Pharaon ; elles ne dédaignent pas de plonger leurs mains royales dans un fleuve, le Rhône, ce frère du Nil et du Scamandre, pour laver un linge blanc comme la neige. On aime à voir se perpétuer ces traditions antiques, qui toutes ont un sens profond et une haute valeur. L'empereur de la Chine creuse des sillons avec la charrue pour encourager l'agriculture ; les princesses Andromaque, Nausicaa et Iphis se font blanchisseuses pour donner l'exemple de la propreté, vertu profane qui est le luxe de la vie.

» Arles renferme une foule de choses fort curieuses. Je n'ai vu que le théâtre de Constantin et le cirque de Gallus. Il me reste à voir l'Éliscamp, le cloître Saint-Trophime, le musée, et, dans les environs, le village des Baux, un village où il n'y a que de belles maisons et pas un habitant. Est-ce curieux ? Ensuite j'irai, à deux pas d'ici, voir Nîmes, une Rome gauloise, et le pont du Gard.

» Tu vois, mère chérie, que je continue mon éducation et que je me fais un homme sérieux, pour être digne d'être bientôt un bon père de famille, en me conformant au plus cher de tes vœux.

» Écris-moi à Arles, poste restante ; je fais de

cette ville le centre de mes courses dans l'Italie des Gaules : c'est le nom que les savants donnent à ce pays.

» Ton fils bien dévoué,
» LÉOPOLD. »

Cette lettre mit en repos la conscience de Léopold. Fort du témoignage de trois blanchisseuses appartenant aux meilleures maisons de l'antiquité, il résolut de se marier avec la belle Égyptienne d'Arles, son idéal.

Quoique les monologues ne soient pas dans la nature, dit-on, notre jeune Allemand fit celui-ci, après avoir relu le passage de son *Odyssée* de poche :

— Ulysse, le plus sage des rois après Salomon, fait naufrage dans l'île des Phéaciens, nous dit Homère en beaux vers; il aperçoit aux bords d'une rivière une jeune et belle fille qui s'occupait à laver des tuniques. Ulysse n'avait pas mis les pieds chez lui, à Ithaque, depuis dix-neuf ans; il n'avait pas reçu de lettres de sa femme, car la poste sur mer ne fonctionnait pas sous le règne d'Agamemnon. Il devint donc secrètement amoureux de la belle blanchisseuse, tout roi qu'il était, et, dit toujours Homère, il lui demanda son nom :

« Je suis Nausicaa, répondit-elle, et fille du roi des Phéaciens, le plus puissant des rois. Je viens ici laver les tuniques de mon père; laissez-moi les exposer au soleil, et je vous conduirai à la cour du roi Alcinoüs. »

Léopold mit un signet à ce passage de l'*Odyssée*. C'était la meilleure pièce de son dossier justificatif.

Un étudiant de Heidelberg est bien fort quand il a Homère pour lui.

A l'heure bénie qui, la veille, lui avait montré, à sa fenêtre, la belle Nausicaa, Léopold reparut dans la ruelle et la revit, dans sa gracieuse pose de sphinx, avec les bandelettes d'Isis, mais achetées probablement le matin, car le velours avait toute sa fraîcheur.

— Bon augure ! pensa-t-il ; elle fait des frais de toilette. Ulysse aborda cavalièrement la fille du roi des Phéaciens ; il n'avait pas le prétexte havanais que je porte sur moi.

Il prit un cigare, s'inclina devant la jeune fille, et, troublé par l'émotion, il fit le signe qui, en Allemagne comme dans tout l'univers fumeur, signifie : « Veuillez bien me donner du feu. »

Le roi d'Espagne adresse cette demande au premier venu. Le cigare est le créateur de l'égalité ; les historiens se trompent quand ils attribuent à 89 ce bienfait social.

La jeune fille fit une de ces pirouettes que les célèbres danseuses d'Arles ont apprises à leur postérité, comme le prouvent leurs charmantes statues, exhumées des fouilles du théâtre de Constantin.

Elle prit une gerbe d'allumettes chimiques, et

arrondissant un bras d'ivoire, elle l'offrit à Léopold, qui remercia en s'inclinant avec respect.

— C'est le moment, pensa-t-il; soyons fort comme Ulysse... Mademoiselle, dit-il, je demanderai l'honneur d'être présenté au roi... à monsieur votre père.

— *Sabi pa cé ché mi dia, moussu*, répondit la jeune fille. (Je ne sais pas ce que vous me dites, monsieur.)

— Vous voyez, reprit Léopold, que mes intentions sont pures; je vous aime, je suis très-riche je veux me marier, et c'est vous que je choisis pour la compagne de ma vie, si votre père daigne m'accepter pour gendre et si votre grâce daigne répondre à mon amour.

La jeune fille éclata de rire et dit :

— *Viou ché sia un fourestié. Poudés parlar fin ch'a deman coumo aco, ès coumo sé parlavia soulé. Sia pa d'aou terradou.*

C'est-à-dire : « Je vois que vous êtes un étranger. Vous pouvez parler ainsi jusqu'à demain comme cela, c'est comme si vous parliez seul. Vous n'êtes pas de ce pays. »

— Ah! mon Dieu! pensa Léopold, voilà un obstacle imprévu! Elle parle un grec corrompu par les siècles et que je n'ai pas appris à l'Université.

Pendant ce monologue, la jeune fille continuait à parler ce grec corrompu avec une volubilité gracieuse, mais toujours incompréhensible pour le savant linguiste de Heidelberg.

Le désespoir dans l'âme, il rentra chez lui et fit ce monologue :

— Comme tout dégénère! l'homme prend plaisir à détruire tout ce qui est beau, monument ou langue! Si j'allais aujourd'hui chez les Phéaciens, c'est-à-dire à Corfou, Nausicaa me parlerait anglais dans les jardins d'Alcinoüs, chantés par Virgile, qui appelle ce roi : *hortorum cultor* (jardinier).

IV

Le maître de l'auberge traversait le vestibule, quand arriva Léopold :

— Monsieur, lui dit-il, est-ce que le peuple parle une espèce de grec dans ce pays?

— Oui, monsieur, dit l'aubergiste. J'ai entendu dire à notre compatriote, le savant M. Amédée Pichot, que le peuple arlésien parle une langue composée du celte, du phénicien, du grec et du latin.

— Voilà un singulier mélange! dit Léopold. Et pourrais-je parler à M. Pichot?

— Oui, monsieur ; c'est un homme très-affable.

— Et où demeure-t-il ?

— A Paris, au bureau de la *Revue Britannique*.

— Bon ! à Paris ! dit Léopold en déchirant un gant... Et si je voulais apprendre cette salade de langues, à qui pourrais-je m'adresser ?

— Oh ! nous avons ici..., non, à Marseille, un homme dont nous sommes fiers... c'est un professeur du Conservatoire, M. Bénédit. S'il consent à vous donner des leçons pendant trois mois, et si vous avez des dispositions, vous pourrez vous faire comprendre. On vous donnera l'adresse de M. Bénédit chez mon correspondant, M. Falquet, hôtel du *Louvre*, à Marseille.

Une heure après, Léopold était en chemin de fer.

Bénédit est, par excellence, le poëte de la langue provençale ; il a fait un poëme qui est un impérissable chef-d'œuvre, le *Chichois*; ce qui ne l'empêche pas d'écrire du français excellent. Comme collaborateur de la *Gazette musicale* de Paris et comme feuilletoniste musical du *Sémaphore*, ses articles font autorité.

Notre grand poëte marseillais fit le plus gracieux accueil à Léopold Kastel. Bénédit est un ancien ami de Meyerbeer, et, depuis bien des années, sa sympathie est acquise à tous les compatriotes de l'illustre compositeur.

En sa qualité de langue, le provençal a plusieurs dictionnaires, deux de plus que l'Académie, et beaucoup de grammaires et de rudiments. Bénédit s'empressa de mettre ces ouvrages à la disposition de Léopold, et lui promit de lui donner deux leçons par jour et de causer deux heures tous les soirs, pour les nuances euphoniques de l'accent et de la prononciation.

Jamais la puissance de l'amour n'a fait un

pareil miracle, jamais cette admirable impulsion que les universités allemandes donnent à l'intelligence des élèves ne produisit un plus beau et plus prompt résultat. Au bout d'un mois, Léopold était de force à tenir une conversation avec le beau sexe arlésien, sexe deux fois beau. Il est vrai que le jeune homme ne perdit pas son temps à visiter la vieille fille de Phocée, ses ports, son Prado, ses théâtres, ses cafés, son musée : il consacra ses jours et ses nuits à étudier la langue de l'amour.

Ce même tour de force avait déjà été exécuté en 1824 par un Russe, M. Pagueff, qui, devenu acquéreur d'une maison de campagne dans la banlieue de Marseille, et voyant qu'il était fort utile de se faire comprendre de ses paysans, acheta la grammaire et le dictionnaire d'Achard, et apprit le provençal en quarante jours.

Il n'y a que des Russes ou des Allemands qui

puissent opérer ces prodiges. Le génie des langues est dans ces deux nations.

Les lettres et la rapide poste des chemins de fer amènent toujours des nuages dans les moments heureux de la vie, et la diminution du tarif postal a augmenté le nombre de ces nuages.

Léopold quittait Marseille pour rentrer à Arles avec sa langue nouvelle; il fut arrêté par un facteur dans l'escalier de son hôtel. Lorsqu'on demande à ces Mercures de la poste : « Avez-vous une lettre pour moi? » on peut compter qu'il y en a une, si elle est mauvaise.

Une mère est cent fois plus perspicace qu'une maîtresse; une mère devine tout; elle est inspirée par la sainteté de son amour. « Qui peut tromper une femme qui aime? s'écrie Virgile : *Quis fallere possit amantem?* J'aurais mieux aimé *fallere matrem.*

Voici la lettre de madame Kastel :

« Heidelberg, 31 août 1859.

» Très-cher fils,

» Je ne comprends rien à ta conduite, ou peut-être je la comprends trop.

» Tu m'oublies, toi qui m'aimais tant! Il n'y a qu'une femme qui puisse faire oublier une mère. Tu as trouvé ton Égyptienne à Arles ou à Marseille. C'est de cette ville que tu m'as écrit une seule lettre de six lignes, et pour me dire que tu rentrerais à Arles très-probablement pour étudier les antiquités à fond.

» J'ai demandé à ton dernier professeur, M. Lobstein, de vouloir bien m'envoyer un livre de géographie où je pourrais trouver des renseignements sur Arles. Je reçus le lendemain les *Lettres du docteur Himmel sur le midi de la France*, et qu'ai-je vu au commencement du chapitre d'Arles? Cette phrase :

« Arles est non moins curieux par ses monu-
» ments que par la beauté de ses femmes ; le
» beau type phéacien ou ionien, qui a fourni les
» modèles des plus illustres statues antiques, a
» été transmis à Arles comme un héritage. »

» En continuant ma lecture, je trouvai cette phrase, si alarmante pour moi :

» — La population est indigente, et les plus
» belles de ces Vénus du prolétariat n'ont pas dix
» florins de dot... »

» Après avoir fait l'éloge de leur beauté incomparable, le voyageur s'extasie sur leur vertu. Tout en elles est un héritage de l'âge d'or, l'âge où l'or n'existait pas.

» Cette histoire de blanchisseuses que tu me fais dans ta première lettre me fait trembler. Au nom du ciel et de tes aïeux, mon cher fils, songe à la noble devise de notre maison ! Tu connais les susceptibilités de la noblesse allemande ; si tu épousais une Nausicaa quelconque, tu te fermerais le pont de Kehl et tu donnerais à ta mère une douleur inconsolable.

» Ta bonne mère,

» AMALIA KASTEL. »

Léopold allait froisser la lettre; mais il se contint, la baisa respectueusement comme pour s'excuser d'une idée mauvaise, et se contenta de dire :

— Si, en pareille occasion, une mère pouvait être son fils un instant, elle penserait d'une autre manière.

— Vous allez manquer le convoi, lui dit le maître de l'hôtel.

A cette menace, inconnue de nos pères, Léopold prit sa valise et courut au chemin de fer.

Pendant le trajet si court qui sépare Marseille d'Arles, il se donna une dernière leçon de langue provençale, et tressaillit de joie en découvrant qu'il comprenait ce que des voyageurs provençaux disaient à côté de lui.

En entrant à son auberge d'Arles, il apprit qu'un de ses compatriotes, le docteur Pfeiffer, était arrivé depuis un mois. En lui annonçant cette nouvelle, le maître de l'auberge avait ajouté :

— Nous recevons beaucoup d'Allemands et d'Anglais, surtout dans cette saison. Ah! le chemin de fer rend de grands services à notre ville. Nous voyons passer tous les savants de l'Europe. Ce docteur Pfeiffer me paraît un homme fort instruit ; il voyage avec deux colis de livres. Vous le connaissez, sans doute?

— Non... je le connais de réputation seulement, c'est un savant de Munich.

— Il est logé là, dit l'aubergiste, à côté de vous. A déjeuner, vous allez le voir.

En effet, les deux compatriotes se trouvèrent

assis côte à côte à la même table, et, au dessert, ils étaient de vieux amis.

Le docteur Pfeiffer était âgé de quarante ans; l'étude ne l'avait pas maigri. Il avait pâli, disait-il, sur les vieux manuscrits des numismates de Munich, mais son teint était toujours d'une fraîcheur rose.

— Vous êtes donc venu à Arles pour vous occuper d'antiquités? demanda Léopold.

— Oui... et... aussi... Mais ceci est un secret...

— Alors, on peut le dire, docteur.

— Je m'occupe aussi de belles choses modernes, reprit Pfeiffer, en riant... Ma foi, entre compatriotes, on peut tout se dire... D'abord, vous saurez que je suis en train de marchander un arpent de terrain sur les bords du Rhône... C'est le point précis du fameux promenoir dont parle Martial.

— Vraiment ! dit Léopold.

— C'est un coup de fortune... Ce promenoir était garni de statues, et elles devaient être très-nombreuses, puisque Néarque Casca, qui avait beaucoup de créanciers, trouvait toujours en se promenant une statue pour cacher le débiteur.

— Je connais ce passage de Martial, dit Léopold; c'est à ce même débiteur du promenoir, sans doute, que Martial a donné le conseil de vendre les vins de Marseille dans ce pentamètre.

Fumea Massiliæ vendere vina potes.

— Justement, dit le docteur. Or, que sont devenues ces statues, qui étaient aussi nombreuses que les créanciers de Casca? Elles sont là, sous le sol, où se trouve aujourd'hui le lavoir de la fille d'un modeste employé de la gare. Une fille d'une beauté éblouissante : elle éclaire le soleil.

— Ah! dit Léopold en secouant un frisson,

— Ce terrain de la Vénus blanchisseuse n'avait hier aucune valeur ; mais, dès qu'on se présente pour acheter six pouces de terre, aujourd'hui, on vous demande six mille francs. Or, le père Hilarion Fourmiguier m'en a demandé six de ce lavoir. « C'est la dot de ma fille, m'a-t-il dit... » J'ai trouvé un moyen de tout concilier, moi... Je ne suis pas riche ; une fouille est toujours douteuse ; j'épouse donc la fille et je me fixe dans le pays, qui est le vrai pays des antiquaires... Il y a trois mois, un de mes amis a trouvé à l'Eliscamp une médaille dont je suis amoureux...

— Laquelle ? demanda Léopold pour cacher son trouble en disant quelque chose.

— C'est la médaille d'Auguste fermant le temple de Janus, et du plus grand module, argent ; et pure, nette comme une pièce de cent sous de 1859. C'est aussi précieux que l'introuvable *Othon grand bronze,* qui ferait la fortune de celui qui le découvrirait... Adieu, cher compatriote ; je vais offrir cinq cents francs de plus au propriétaire du lavoir.

Léopold, resté seul, eut recours à ce conseiller de la solitude qu'on appelle la réflexion.

V

L'AMOUR REND DIPLOMATE

Après avoir longtemps réfléchi, Léopold résolut d'attendre le retour de son compatriote pour savoir si le promenoir de Martial avait été acheté.

Dans les villes où s'étalent les grandes rúines, l'impatience fiévreuse trouve un puissant lénitif. Les Colysées de Rome et d'Arles, vieux de tant de siècles, sont de muets et éloquents professeurs de résignation.

Léopold courut à la consolante ruine de Gallus.

Dans les souterrains, on croit encore entendre

les rugissements des cent lions que le préfet d'Afrique envoyait au divin empereur pour amuser ses loisirs. Au sommet des tours modernes et parasites, on entend les lamentations des femmes qui voient arriver l'armée des Sarrasins, et sur l'arène retentit encore le pas d'Abdérame, qui va remplacer la croix du Christ par le croissant de Mahomet. Le silence de la grande ruine est toujours rempli du fracas de la bataille et de l'ouragan du passé.

Léopold s'assit sur un gradin rongé par les siècles, et trouva un peu de calme au milieu de ces débris immenses, où sa personnalité infime pesait autant qu'un grain de leur poussière; mais la voix de la passion crie plus fort que l'ouragan; les grands spectacles peuvent la diminuer ou la faire taire un instant, ils ne l'éteignent jamais.

Le jeune étudiant passa tout à coup d'Abdérame et de Charles-Martel au subalterne employé de la gare du chemin de fer. La ruine devint un atome et le volcan sarrasin une étincelle de cigare; tout cet amoncellement de granit, était à peine digne de servir de piédestal à la Vénus d'Arles. Une seule image peupla l'infini.

Il courut à l'hôtel et trouva son compatriote.

— Eh! lui dit-il, le promenoir est-il à vous?

— Hélas! non, répondit le docteur Pfeiffer; ce diable de propriétaire exige maintenant mille francs de plus. Les chemins de fer sont le fléau des antiquaires. Il y a dix ans, cet usurier d'Arlésien m'aurait donné son lavoir pour cinquante florins.

— Pardon, cher docteur, il faut que je vous quitte; je vais remplir le plus sacré des devoirs du voyageur : je vais écrire à ma mère.

Il monta dans sa chambre et se dit en pensée :

— Ce que je vais faire n'est pas délicat, mais je dédommagerai royalement le docteur.

Et, rempli de son idée corrective, il écrivit cette lettre :

« Mère chérie,

» Me voilà de retour à Arles; c'est une ville qui donne le goût des affaires en les ennoblissant par un but scientifique. Arles est la Californie des antiquités. Il y a partout, sous terre, du vieux marbre qui est de l'or neuf. Si tu savais tout ce qu'on peut découvrir ici, à l'aide de Martial et de l'empereur Gallus, tu serais étonnée ! Herculanum et Pompéi sont de pauvres filles auprès d'Arles. Je vais acheter le promenoir du Rhône, un vrai Pérou de statues invisibles encore; mais je dois un dédommagement à un antiquaire bavarois qui l'a découvert.

» J'ai toujours ma lettre de crédit de vingt mille francs sur la maison Pascal, de Marseille; mais ce n'est pas avec de l'or que je puis dédommager un savant qui le méprise, c'est avec un cadeau spécial.

» Mère chérie, rends à ton fils le plus grand des

services : donne-lui la vie une seconde fois.

» Il faut que ton frère, mon cher oncle Bauer, parte tout de suite pour Friedberg; c'est à une heure de Francfort. Il demandera l'adresse de l'antiquaire Dieffenbach au libraire qui demeure à l'entrée de la cour du château ducal, vis-à-vis le corps-de-garde. C'est un libraire qui ne vend pas de livres, mais qui gagne sa vie en montrant, pour un florin, l'épée que Luther portait lorsqu'il descendit de Marburg pour se rendre à Heidelberg. Mon oncle ne peut donc manquer de trouver le domicile de l'antiquaire.

» Comme avancement d'hoirie, je demande à mon cher oncle qu'il veuille bien m'acheter à tout prix, chez M. Dieffenbach, sa médaille d'Auguste fermant le temple de Janus. Je l'attends; courrier par courrier. On n'est jamais assez riche dans notre siècle de millionnaires. Ma fortune personnelle est dans cette médaille.

» La difficulté du promenoir de Martial étant

vaincue, je songerai au mariage sérieusement.

» Ton fils dévoué de tout cœur,

» LÉOPOLD. »

En mettant cette lettre à la poste, il dit en lui-même :

— Le mensonge est le plus odieux des vices et je l'abhorre; mais la vie serait impossible s'il fallait toujours dire la vérité.

Et, croyant déjà tenir la médaille, il s'achemina vers la gare du chemin de fer.

Il trouva aisément l'employé subalterne : c'était un de ces superbes riverains du Rhône, qui font encore une race à part sur les antiques domaines de l'empereur Gallus. Il parlait un français encore plus corrompu que le grec de sa fille, mais on le comprenait très-bien.

En voyant arriver à lui un nouvel acquéreur du lavoir, le père se crut obligé de donner une hausse à sa propriété, qu'il estima, cette fois, dix mille francs.

— Allons chez le notaire, dit Léopold sans marchander.

Le père de la Vénus se pinça les lèvres ; mais sa probité l'emporta sur le regret d'avoir si peu demandé. Il suivit Léopold chez le notaire ; le contrat de vente fut signé, et le paiement fixé à vingt-quatre heures.

— Je vais chercher des fonds à Marseille, dit le jeune homme au père de Nausicaa, et, demain, je serai chez vous à midi précis.

Léopold ne commit point la sottise d'apporter son paiement en billets de banque ; ces chiffons n'éblouissent pas comme une colline d'or. Le père fut saisi d'extase en contemplant cette richesse, et, d'une voix timbrée par le soleil du Midi, il fit retentir la maison du nom de Marthe.

— Je veux montrer ça à ma fille, dit-il ; vous allez voir sa joie. Marthe est blanchisseuse, mais elle n'aime pas son métier. Elle craint d'y perdre ses petites mains. La voilà riche, elle quittera le battoir.

Marthe, qui ne s'attendait pas à trouver l'étranger, descendit en négligé du matin; elle poussa un cri, et, croisant les bras sur le sein, elle remonta vivement l'escalier.

Cette radieuse apparition enleva à Léopold le peu de raison qui lui restait.

— Elle est timide comme une tourterelle, dit le père; toutes les Arlésiennes sont ainsi; mais le chemin de fer commence à les apprivoiser.

— Et quand mariez-vous cette belle enfant? demanda Léopold sur le ton de l'indifférence.

— Jusqu'à présent, dit le père, ce n'est pas le parti qui a manqué, c'est la dot. Marthe a eu vingt *calignairés* (amoureux). Il faut vous dire qu'elle est fière comme la fille d'Artaban. Aujourd'hui qu'elle est riche, elle ne voudra plus épouser un homme, j'en suis sûr.

— Et qui épousera-t-elle? interrompit Léopold stupéfait.

— Elle épousera un *monsieur*... Il y a déjà quelque chose qui se mijote... Je vous conterai ça !...

— Ah ! et avec qui ?

— Avec un monsieur comme il faut... Mais il a un grand défaut qui déplaît à ma fille.

— Quel défaut ?

— Il est Allemand.

— Ah !

— Oui; et il a un nom qui n'entre pas dans la bouche... Pfeiffer... Vous voyez que ma fille ne peut pas s'appeler madame Pfe...... Impossible !

— Impossible ! remarqua Léopold ; c'est un grand obstacle ; il y a eu cent mariages cassés pour cela.

— Et puis, reprit le père, ce monsieur est très-ignorant ; il ne parle pas même notre langue provençale ; il serait obligé de parler à sa femme comme parlent les muets, par signes. Il faut écouter avec les yeux, toute la vie; c'est fatigant!

— *Vaqui un fada ché sera jamaï un novi din l'oustaou*, dit Léopold avec l'accent du terroir. « Voilà un imbécile qui ne sera jamais un nouveau marié dans la maison. »

— Ah! on voit que vous avez reçu de l'éducation, vous, dit le père. Comme vous parlez bien le français d'Arles! De quel pays êtes-vous?

— De Heidelberg, où tout le monde parle provençal; c'est la langue à la mode chez nous.

En ce moment, Marthe se fit entrevoir dans le vestibule.

— *Viou la pichouno ch'espincho?* reprit Léopold. « Je vois la jeune fille qui... [1] se montre. »

— *Ti fa paou lou moussu?* cria le père d'une

[1] *Espincho* est intraductible comme une foule d'autres mots de cette langue.

voix de mistral. « Le monsieur te fait-il peur? »

Marthe entra avec sa toilette des dimanches. Elle était plus Isis que jamais.

— *Lou souleou fa pas tant dé cérémounié su la couello quan pounchéjo,* dit Léopold, en faisant son premier madrigal dans la langue de Bénédit : « Le soleil ne fait pas tant de cérémonies sur la colline quand il se lève. »

Marthe recula et retint un cri, en entendant la phrase que Léopold prononçait avec la grâce mélodieuse d'une bouche arlésienne.

Maintenant, il est convenu que l'original de Provence sera supprimé, la traduction en français essaiera de garder l'esprit de leur langue dans la bouche du père et de la fille.

— En voilà un de monsieur qui parle bien! dit le père à Marthe.

— J'en suis vraiment émerveillée, dit la fille.

— Et tu ne t'émerveilles pas aussi de ce pilau de riz au safran? reprit le père en montrant le monceau d'or pyramidal étalé sur la table.

Marthe croisa les mains, comme pour une prière mentale, et ne trouva pas une expression.

— Avec ça, on devient demoiselle, dit le père, on quitte le lavoir, et on met des gants aux *menottes* comme la fille du sous-préfet.

— Et on se marie, ajouta Léopold.

— Avec M. *Faitdefer*, dit le père en éclatant de rire.

— Oh ! non ! dit Marthe d'un ton résolu.

VI

UNE QUERELLE D'ALLEMANDS

Sur ce mot, M. Pfeiffer entra. On ne ferme pas les portes dans les maisons habitées par le peuple arlésien, surtout en été.

Jamais une plus belle occasion n'a été offerte par l'ironique hasard pour faire éclater une vraie querelle d'Allemands.

— *Teufel!* s'écria Pfeiffer; *noch ein mahl vas geht hier vor ich glaub man lacht mich aus!*
« Diable! que se passe-t-il ici? je crois qu'on se moque de moi. »

A cette sortie Léopold répondit en invitant M. Pfeiffer à s'asseoir.

Et Pfeiffer, furieux, resta debout, fit des gestes menaçants, marcha vers la porte et s'écria :

— *Venn sie kein kind sind und venn die sonne untergeht, verden sie am kloster Saint-Trophime einen mann antreffen.*

C'était un rendez-vous d'honneur au cloître Saint-Trophime.

— *Ia,* répondit froidement Léopold.

Et l'antiquaire sortit, en faisant retentir le corridor de ses menaces, empruntées au drame des *Brigands.* C'était la première fois que la langue de Gœthe et de Schiller se faisait entendre devant le théâtre romain de Térence et de Sénèque. Encore un progrès dû aux chemins de fer.

— Monsieur, dit le père à Léopold, vous ne savez pas ce qu'a fait l'autre jour Marius, le *Louchaïré* de Mallemort?

— Non ; qu'a fait ce lutteur?

— Il a pris le long Tisté comme je prends cette pipe, et il l'a porté au Rhône, pour lui faire prendre un bain de pieds.

— Eh bien? demanda Léopold.

— Eh bien! reprit le père, si ce darnagas d'Allemand eût ajouté un mot, je profitais de l'occasion pour gagner un pari que j'ai fait avec Marius.

Et il montrait avec orgueil un bras herculéen qui pouvait porter au Rhône les baigneurs les plus récalcitrants.

— Que vous a-t-il dit dans son baragouin allemand? poursuivit-il.

— Oh! rien de sérieux, répondit Léopold... Je le crois amoureux de mademoiselle Marthe, et ma présence ici a paru le gêner beaucoup.

— Voilà tout ce qu'il vous a dit, monsieur Kastel?

— Oui, voilà tout.

Le père, très-honnête au fond, craignait de devenir la fable de la ville, si le secret de sa vente usuraire et cette hausse de quatre mille francs étaient connus. Il redoutait d'être contraint à une restitution par le juge de paix, car il avait acheté son lavoir cinquante francs.

Il adoucit sa voix, et la transposant au ton de la prière, il dit à Léopold :

— Mon cher monsieur, promettez-moi de ne jamais parler à cet Allemand... Vous ne répondez pas ?

— Je vous promets, dit Léopold très-embarrassé, de ne lui parler qu'une fois... ce soir... au cloître Saint-Trophime, et ensuite je ne lui parlerai plus.

— Oh! non, pas même ce soir, reprit le père; jamais, jamais, jamais, à partir de ce moment...

— Mais... écoutez, dit Léopold... je ne puis m'engager à...

La phrase fut interrompue par une voix d'ange. Marthe avait compris les terreurs de son père, elle avait deviné l'amour de Léopold et elle intervenait en donnant à sa figure une expression séraphique.

— Oui, jamais, jamais, jamais! dit-elle en serrant la main de Léopold.

Une pensée fort naturelle traversa le cerveau du jeune homme ; celle-ci :

Le père et la fille s'intéressent à moi ; ils craignent un duel, voici le moment de s'expliquer ; c'est la dernière épine qui déchire mes pieds sur le chemin du paradis.

L'étincelle électrique, communiquée par la main de Marthe, embrasa Léopold et lui fit perdre la raison.

— Jamais! dit-il en rendant le serrement de main à Marthe.

Il réfléchit et il ajouta :

— Mais il m'attendra ce soir...

— Où ? demanda le père... J'ai entendu dans son baragouin parler du cloître Saint-Trophime.

— Oui, c'est là qu'il m'attendra.

— Pour vous battre! interrompit Marthe épouvantée.

— Eh bien, j'irai, moi, dit le père, et je gagnerai mon pari avec Marius de Mallemort.

— Non, non, dit Léopold; point de violence... laissez-moi réfléchir... ma tête brûle... Ah! écoutez...

— Parlez! dirent à la fois le père et la fille.

— Vous lui direz que je ne veux pas me battre avec lui, parce que j'ai vingt-deux ans, et qu'un étudiant de Heidelberg qui a fait dix fois ses preuves, ne veut pas tirer l'épée en pays étranger contre un vieux qui arrive à la cinquantaine.

— Très-bien! dit le père.

— Ensuite, vous ajouterez, pour le calmer tout à fait, que vous m'avez accordé votre fille en mariage et que vous avez défendu à votre beau-fils de se battre la veille de sa lune de miel.

Des expressions mêlées de doute, de joie, d'étonnement éclatèrent sur les visages du père et de la fille. Ils s'interrogeaient du regard pour se demander si la chose était sérieuse, ou si elle ne devait être qu'un prétexte pour prévenir un duel.

— Si vous vous chargez de la commission telle que je vous la donne, reprit Léopold, j'entre ce soir dans votre famille et je vous obéis comme un fils. — Ne suis-je pas assez clair?

— Oui... non... oui, dit le père ému. Oui... ce n'est pas un prétexte... Vous... un jeune homme... un véritable monsieur... un riche... vous épouseriez ma...

— Mais vous ne connaissez pas votre fille ! interrompit Léopold; tous les rois qui ont épousé des bergères auraient divorcé avec elles pour épouser une blanchisseuse comme celle-là. Vous êtes comme la lune, habitué à regarder le soleil, et vous n'admirez pas le soleil de votre pays. Vous vous bornez à le réfléchir. Quand j'ai vu votre fille, je me suis réjoui d'être riche pour la première fois. Prenez cet or pour vous, cher père de Marthe, il est à vous. Ma richesse est à votre fille si sa beauté est à moi.

Le père mit la main de sa fille dans la main de Léopold, et il versa deux larmes de joie, les premières de sa vie.

Avant de songer à elle, Marthe, l'excellente fille, était heureuse de voir son père heureux et de l'arracher aux dures obligations du travail; son extase intérieure éclatait en rayons sur son visage, et Léopold, oubliant son pays, sa mère, sa famille, et même l'offense reçue, ne voyait que l'adorable fille qui allait devenir sa femme le lendemain.

— Écoutez, dit-il avec la fébrile impatience de l'étudiant, avec de l'or on aplanit tout aujourd'hui; on ferait avancer le soleil; on ferait avancer le temps avec plus de facilité. Je prodiguerai l'or, je ferai un don à l'hospice, et un autre au conseil municipal pour des fouilles; mais je veux que le maire nous marie tout de suite, plus tôt même. Quand un trésor nous tombe du ciel, il faut se hâter de l'enfermer chez soi. Un voleur peut passer dans la rue et nous l'enlever.

— Mais, dit le père en riant, il y a des formalités indispensables à remplir. Je connais ça, moi. Il nous faut attendre au moins six jours.

— Six jours? impossible! dit Léopold en essuyant son front rouge de feu, humide de sueur.

— Croyez mon père, dit Marthe d'une voix douce, et ne soyez pas triste comme cela, monsieur.

Et, prenant le ton d'une familiarité enfantine, elle ajouta :

— Je vais vous raconter une histoire de notre pays, et puis... je vous proposerai quelque chose qui arrangera tout... Vous m'écouterez... n'est-ce pas?

— Toute la vie! dit Léopold en joignant ses mains, comme fait le dévot croyant à genoux devant la plus belle des madones.

— Sainte Marthe est ma patronne, reprit la

jeune fille; tenez, voilà son portrait à côté du miroir; comment le trouvez-vous?

— Il serait plus beau s'il vous ressemblait, dit Léopold.

— Ne parlez pas comme ça d'une sainte! dit Marthe en donnant un petit coup sur la main de Léopold. Sainte Marthe est la sœur de sainte Madeleine... Vous savez cela?

— Non... Oui, oui... Je saurai tout ce que vous voudrez.

— Bien, monsieur! Sainte Marthe vint à Tarascon... ici tout près... Notre pauvre pays était ravagé par la *Tarasquo*, une affreuse bête, grande comme un clocher. Ce monstre détruisait tout... Vous riez, monsieur!

— Non, non, Marthe, continuez...

— Oh! dit le père d'un air convaincu, rien n'est plus vrai que cette histoire... je sais par cœur le cantique de l'abbé Laurent de Toulon sur sainte Marthe.

— Mon père, laissez-moi finir, dit Marthe...
Arles, Beaucaire, Tarascon allaient périr sous les
griffes et les dents de la Tarasquo, quand sainte
Marthe l'arrêta en lui présentant la croix, et l'étrangla avec sa jarretière... Cela vous fait rire
encore !

— Oh! dit le père d'un ton sérieux, c'est un
article de foi; le cantique dit :

> Un monstre furieux, d'une figure horrible,
> Afflige Tarascon; on craint de tout côté;
> Marthe abat, par la foi, ce colosse terrible,
> Et, la croix à la main, l'amène garrotté [1].

— Là ! s'écria Marthe triomphante; croyez-vous à la Tarasquo, à présent?

— Comme à mon amour, dit Léopold.

— Voulez-vous voir le portrait de la Tarasquo?
reprit Marthe en se levant.

[1] Les *cantiques* de l'abbé Laurent de Toulon jouissent d'une grande réputation en Provence; celui de sainte Marthe a trente-neuf couplets. (Edition de Paris, de Victor Sarlit, rue Saint-Sulpice, 23.)

— C'est inutile, fit le jeune homme, restez assise; vous ressemblez ainsi à la Vierge à la Chaise de Raphaël.

— Vous voyez donc que ma patronne est la plus grande sainte du paradis?

— C'est incontestable, dit Léopold; elle a étranglé la Tarasque.

— Eh bien, reprit la jeune fille en baissant les yeux, ce soir, à l'*Angelus*, nous irons nous fiancer à notre paroisse, nous nous agenouillerons devant l'autel de sainte Marthe, et je vous donnerai cette bague d'argent, achetée à l'église de Tarascon.

— Ma belle Marthe, dit Léopold, comme s'il allait annoncer la chose la moins alarmante et la plus naturelle du monde, cela est impossible... Je suis protestant.

Deux cris d'effroi retentirent dans le petit salon.

Marthe frissonna, fit un signe de croix et s'évanouit.

VII

LA DÉPÊCHE

Le Rhône, ce Rhin français, garde encore sur ses deux rives les vestiges des luttes religieuses d'un autre siècle; le Rhône a eu son Gustave-Adolphe. Heureusement, l'esprit de tolérance a prévalu contre l'esprit de discorde. On ne prendrait plus les armes aujourd'hui sur les deux rives du fleuve pour défendre ou pour attaquer la bulle *Unigenitus;* mais, chez un très-petit nombre de familles patriarcales établies loin des grands centres, le levain, quoique inoffensif, fermente encore, et, dans un cas de mariage, le mot de protestant est toujours un épouvantail.

Le père de Marthe, en donnant ses soins à sa fille, montra la porte à Léopold avec un geste impérieux.

Résister et désobéir, c'était s'exposer à subir le sort de Lycas, avec cet Hercule du Rhône. Léopold sortit donc, et, s'il y avait eu des passants, il leur aurait fait voir le visage d'un désespéré.

Une sorte de consolation vint un peu plus tard le secourir. Si son bonheur était à jamais perdu par un anachronisme religieux, du moins son honneur était sauf. Délié de sa promesse, il pouvait aller au rendez-vous de Saint-Trophime, et rencontrer là une victime toute prête pour assouvir la rage qui l'animait.

— Quel bonheur! pensait-il, si je trouve un homme et non un antiquaire!

Le cloître Saint-Trophime est la merveille du genre; on dirait que l'architecte l'a bâti pour

donner à l'amphithéâtre de Gallus la plus belle
et la plus émouvante des antithèses pétrifiées.
Cette galerie, bordée de statues, éclairée par un
jour mystérieux, invite au silence du recueille-
ment.

Aujourd'hui, une municipalité intelligente conserve avec respect cet admirable édifice ; mais il
a longtemps souffert les insultes des vandales et
des enfants ravageurs qui jouent au Sarrasin.

Le décor de l'opéra de *Robert le Diable* a été
copié sur Saint-Trophime d'Arles : Une licence
poétique du livret, dont la scène se passe sous la
première croisade, appelle ce chef-d'œuvre d'architecture religieuse *un débris du monastère* ANTI-
QUE, *voué par Rosalie au culte du Seigneur*.

Un peu avant le coucher du soleil, l'antiquaire
Pfeiffer se promenait comme Robert dans le cloître, en attendant Léopold. L'attitude calme que
le jeune homme avait gardée dans la maison de
Marthe pouvant être attribuée à la peur, l'anti-

quaire pensait que son rival ne viendrait pas au rendez-vous d'honneur, ce qui le mettait fort à son aise ; car, dans un moment d'irritation, il s'était beaucoup trop avancé, pour un savant, et il regrettait sa provocation.

Sans être annoncé par une de ces sombres ritournelles qui abondent au troisième acte de l'opéra de *Robert*, Léopold, semblable à un démon vomi par l'enfer, tomba devant le pâle antiquaire, et, l'écume aux lèvres, il lui dit :

— Il faut que le soleil se couche sur votre cadavre, venez !

— Un instant !... un instant !... dit l'antiquaire, au comble de l'effroi. Le soleil n'a pas besoin de moi pour se coucher, et il nous faudra au moins attendre jusqu'à demain pour nos emplettes...

— J'ai tout ce qu'il nous faut pour nous exterminer ! interrompit Léopold.

— Avez-vous trouvé ici des cuirasses? demanda Pfeiffer [1].

— Des cuirasses! s'écria Léopold; sommes-nous des étudiants? sommes-nous à Heidelberg? Nous sommes en France, la patrie du duel, et du duel à mort. On ne se bat point ici pour se rendre borgne d'un coup d'épée ou camard d'un coup de sabre, mais pour se percer la poitrine à jour... Venez, perturbateur de mon repos, venez!

— Mais permettez, monsieur, dit l'antiquaire; c'est vous qui avez troublé mon repos; c'est vous qui avez dérangé ma vie, en abusant d'une confidence. J'aimais une jeune fille, je devais l'épouser.

— Et comment l'auriez-vous épousée? interrompit Léopold.

---

[1] A Heidelberg, les duels ne sont tolérés qu'à la condition que les deux adversaires seront cuirassés et ne montreront à découvert que le visage. Tous les étrangers qui ont, comme moi, habité Heidelberg, connaissent cet usage. La police permet de se blesser et défend de se tuer.

— Mais comme on épouse. Y a-t-il deux manières d'épouser ?

— Oui, monsieur... Vous êtes protestant comme moi, n'est-ce pas ?

— Oui.

— Eh bien, vous ignorez donc ce que nous vaut le succès universel de l'opéra *die Hugenotten,* de notre compatriote M. Meyerbeer ? Il nous empêche d'épouser une catholique ! Les pères arlésiens nous envoient au diable, parce que nous chantons : *A nous les filles des papistes !* dans cet opéra.

L'antiquaire, ravi de voir que l'entretien s'écartait du duel, et convaincu qu'il ne pouvait lutter, dans une affaire de mariage, avec un jeune homme riche et charmant, résolut de s'en faire un ami, et au besoin un banquier ; idée de savant et d'antiquaire.

— Je savais tout cela, dit-il avec un sourire qui était un préliminaire de paix, et j'avais pris mes informations à bonne source.

— Quelle source? demanda vivement Léopold.

— Je m'étais adressé au curé de la paroisse de mademoiselle Marthe.

— Et que vous a-t-il dit?

— Je vais, dit Pfeiffer, vous rapporter ses propres paroles... Les mariages entre protestant et catholique ne sont pas interdits, l'Église les admet. Voici à quelle condition : La cérémonie est célébrée dans la sacristie ; la femme s'agenouille, le mari reste debout et se borne à dire qu'il élèvera ses enfants dans la religion de sa femme.

— Est-ce positif? dit Léopold.

— Je vais vous conduire de ce pas chez le curé, il vous...

Léopold interrompit l'antiquaire en poussant un cri de joie, et l'embrassa.

— Mon cher compatriote lui dit-il, dans trois jours je vous dédommagerai de tout ce que vous avez perdu, sans blesser votre délicatesse ; je vous ferai un cadeau ducal, la médaille d'Auguste fermant le temple de Janus, grand module d'argent; c'est le symbole de la paix que nous signons aujourd'hui... Allons chez le curé, et fermons aussi notre temple domestique de Janus.

Pfeiffer éprouva la joie que ressentit l'antiquaire qui vit sortir d'une fouille le *Laocoon*, dans la villa d'Adrien, sous le règne de Léon X.

Le curé fit la même réponse au sujet des mariages entre catholique et chrétien, et montra la sacristie où ces unions étaient à moitié bénies par tolérance.

Léopold promit de donner trois mille francs aux pauvres, en déposant dix louis dans un tronc; ensuite, il pria le bon prêtre de vouloir bien faire connaître cette tolérante concession de l'Église catholique à son paroissien Hilarion Fourmiguier; ce que le curé promit, en engageant, par devoir, Léopold à rentrer dans le giron de l'orthodoxie. Le jeune homme fit le geste qui signifie ni oui ni non. La conscience du curé fut en repos

Depuis ce moment, nos deux amis d'outre-Rhin ne se séparèrent plus et consacrèrent deux jours à explorer les Champs-Élyséens d'Arles, ce jardin funèbre qui renferme sans doute tant de magnificences enfouies. Léopold avait un grand besoin de distractions, et il voulait laisser écouler un espace de temps convenable avant de connaître le résultat de la mission dont le prêtre s'était chargé, dans l'intérêt des pauvres.

Trois jours s'étaient écoulés, et Léopold recommençait à ressentir ces poignantes inquiétudes qui précèdent le désespoir, lorsqu'un bruit de pas cyclopéens ébranla le corridor qui conduit à sa chambre d'auberge. Une main de bronze fit trembler la porte en voulant frapper doucement. Léopold ouvrit et reconnut le père de Marthe.

La figure épanouie de l'Arlésien annonçait une bonne nouvelle avant la parole. Quatre mains se serrèrent. Le curé avait complétement réussi. Les pauvres avaient gagné leur argent, et le père gardait le sien. Cette dernière considération avait eu un certain poids dans la balance.

Léopold, ivre de joie, dit au père :

— Allons voir votre fille et ma femme.

— Ah ! la pauvre enfant a bien souffert ! dit l'Arlésien ; elle n'est pas à la maison. Elle est allée au lavoir avec sa cousine Babet. Ces deux pauvres âmes se consolent ensemble. Ma nièce aussi a manqué un mariage avec un employé du chemin de fer, faute d'une dot de quatre mille francs, et...

— Nous marierons Babet aussi, interrompit Léopold ; mais commençons par nous.

VIII

Les deux jeunes filles étaient assises à l'ombre d'un grand mûrier et se contaient leurs peines, car la belle Marthe ignorait tout encore.

Au premier mot que prononça son père, elle lui sauta au cou et tendit la main à Léopold.

— Et toi, ne pleure pas, dit l'Arlésien à Babet, la même Providence te donne la dot qui t'a manqué ; viens, je vais te conter ça.

Il prit la main de sa nièce stupéfaite pour ménager à sa fille et à Léopold l'occasion de parler entre eux, sans auditeurs ; et les quatre personnages de cette scène remontèrent la rive du Rhône, par un haut sentier ombragé.

Le cadre était digne de cette promenade de l'amour ; Dieu et l'homme, associant leur œuvre, avaient donné à ce paysage un charme, une grandeur, une grâce incomparables. Le Rhône chantait son épithalame en se mariant avec la mer, et cette harmonie ravissait les jardins du delta. On distinguait au-dessus des toits rouges de la ville les arceaux culminants de l'amphithéâtre, ruine joyeuse dorée par le soleil du Midi.

Une voix plus puissante que celle du grand fleuve arrivait suave à l'oreille de Léopold : c'était le charmant babil de Marthe, qui communiquait ses petits projets à son mari du lendemain.

Elle voulait, disait-elle, toujours garder à la maison le costume d'Isis, et paraître en ville avec une toilette de dame, mais très-simple ; elle apprendrait la langue française en causant beaucoup avec son mari : elle irait voir la mer, cette vaste plaine où il y a tant d'eau, et Paris, cette ville dont on parle tant, et qui est à l'autre bout du chemin de fer, un peu plus loin qu'Avignon.

Ces naïvetés enfantines donnaient l'extase de la joie à Léopold, qui, tout en écoutant Marthe, les yeux fixés sur sa beauté, faisait parfois descendre le regard jusqu'à ses petits pieds, qui se détachaient lestement des franges de la robe, avec un murmure rhythmique, sur les feuilles sèches des pommiers.

Dans son ravissement, Léopold n'entendait pas une voix de basse profonde qui l'appelait à plusieurs reprises par son nom. Les amoureux n'entendent qu'une seule voix, celle qui leur parle bas ; mais il sentit une large main qui tomba sur son épaule ; il se retourna vivement et vit son futur beau-père. Il avait laissé sa nièce en passant devant le clos de son jardin, et il rejoignait Léopold et sa fille, après les avoir appelés trois fois du nom de *novis*.

Léopold, avec son érudition provençale, connaissait déjà ce terme, qui dérive de *novi sponsi*, *nouveaux époux*. Les siècles ont enlevé le dernier mot, les siècles rongent tout ce qu'ils peuvent, et l'homme les aide beaucoup.

— Nous avons tous perdu la tête, dit le père; j'ai oublié de vous parler d'une visite que j'ai reçue hier soir.

— Ah! fit Léopold.

Ce qui signifie en langage d'amoureux : « Cela m'est bien égal. »

— Un monsieur bien mis est venu à la maison, et il vous a demandé...

— Moi? interrompit Léopold.

— Oui, vous... Il faut vous dire que nous avons quelques voisins jaloux, qui racontent tout ce qui se passe aux garçons d'auberge et de café... Ce monsieur savait le nom de ma fille... et il m'a dit : « C'est la plus belle... »

— Ne dites pas ça, mon père! interrompit Marthe.

— Ce n'est pas moi qui l'ai dit, c'est l'autre, reprit le père... « La plus belle fille d'Arles; » et il m'a salué poliment et il est parti.

— Que Diéu l'accompagne! dit Léopold en provençal.

Et il continua ce qu'il disait à Marthe, sans prendre autre souci de la visite du *monsieur bien mis*.

— Alors, reprit Marthe, vous me donnez votre foi que les protestants ne disent pas du mal du bon Dieu ?

— Quel enfantillage! dit Léopold en riant; nous avons le même Dieu et le même Évangile.

— Oh! que je suis contente! fit Marthe.

— Tiens, ma belle promise, répondit Léopold, à Heidelberg, sur la place du marché, il y a une belle église, en pierres rouges, avec un beau clocher. Cette église appartient aux catholiques et aux protestants. Une mince cloison sépare les autels des deux cultes, et, à la même heure, nous lisons tous le même livre saint, nous adorons le même Dieu.

— Oh! que ça me réjouit, ce que vous me dites là! fit Marthe. Ma tante Audiberte, qui est de la congrégation de *la bonne mort*, m'a encore dit, l'autre jour, qu'une fille allait tout droit à l'enfer lorsqu'elle épousait un protestant. Cela m'a donné les trois sueurs. Oh! j'ai une peur de l'enfer! et il est si facile d'y aller!

— Marthe, dit Léopold, M. le curé en sait plus que ta tante, n'est-ce pas?

— Oh! oui, le curé sait tout. Il parle à l'évêque comme je vous parle, à vous... Oui, à présent, je suis heureuse... L'autre nuit, j'ai rêvé que j'étais damnée... Ça vous fait rire, monsieur Léopold!

— Non... tu es adorable; je ris de bonheur en t'écoutant.

— Nous voici arrivés, reprit Marthe en s'arrêtant devant sa porte... à demain... rentrez vite chez vous, la nuit est très-sombre... Voulez-vous que mon père vous accompagne?

— C'est inutile, dit Léopold, je connais mon chemin.

Le père entra pour donner toute liberté aux adieux. Léopold effleura de sa lèvre le front de Marthe et balbutia les paroles de l'adieu en tremblant d'émotion.

Comme toutes les bonnes choses de ce monde, le progrès a quelquefois son mauvais côté. Nous avons deux foudres aujourd'hui suspendues sur nos têtes en temps d'orage : l'ancienne d'abord, celle qui tonne et éclate après l'éclair, et la moderne, la dépêche électrique des lignes muettes du chemin de fer; celle-là n'avertit point, elle ne se fait précéder par aucun éclair, et tombe sur la tête sans le moindre fracas. Tout voyageur aujourd'hui a cette foudre suspendue sur sa tête : nous sommes tous des Damoclès.

En rentrant à son auberge, Léopold trouva un pli de dépêche accroché au clou de son numéro de chambre. Il ouvrit et lut sous la date du même jour :

« Léopold, si tu épouses Marthe, je te déshérite et te maudis. »

« AMALIA. »

Le poëte Ovide parle d'un homme qui, atteint de la foudre, vit encore sans savoir qu'il vit [1].

Léopold ressemblait à cet homme en ce moment.

Un mouvement machinal le dirigeait à son insu vers l'escalier de sa chambre, et il montait lentement, les yeux fixes et tenant son flambeau, dans l'attitude d'un somnambule.

Les fous redisent à satiété les derniers mots

[1] . . . . . *Qui fulmine tactus,*
Vivit et est vitæ nescius ipse suæ.

qui les ont frappés lorsque la raison déserta leur cerveau. Léopold murmurait à chaque pas d'une voix faible ces trois mots : *Je te maudis !*

Une main d'automate, fonctionnant par l'habitude, ouvrit la porte de la chambre, et le pauvre foudroyé se laissa tomber sur un fauteuil et pleura.

Si la nature n'avait pas inventé les larmes, tous ceux qui sont frappés d'un malheur subit au milieu de leur joie, seraient fous; les larmes sont le remède de l'âme.

Ayant repris un peu de calme, Léopold envisagea sa position et la trouva intolérable; mais il résolut de lutter avec elle, en faisant appel à son énergie. Il fallait prendre un parti pourtant.

Lequel ?...

L'impossible se dressait autour de lui, comme un mur circulaire de granit, sans issue; il avait engagé sa parole de tout côté. L'antiquaire attendait un présent de grand prix, comme indemnité due et delle sacrée d'honneur. Une nièce attendait une dot promise. Une adorable jeune fille s'endormait heureuse en ce moment, pour se réveiller avec ses douces idées de richesse et de mariage; et, par dessus tout, une passion, un amour incurable, qu'il fallait mettre au néant, sous peine de malédiction.

— L'incurable n'a qu'un remède, pensa-t-il; le suicide. C'est un grand crime; mais il me réhabilite aux yeux de tous. Si la plus austère des vertus me rendait le même service, j'aurais le courage de cette vertu; je serais solitaire de la Thébaïde ou fakir indien.

Il réfléchit longtemps, et ajouta :

— Non, je ne puis pas m'éloigner d'ici. Mon départ serait regardé comme la détermination d'un débiteur fanfaron et insolvable... et je ne puis pas rester!... Y a-t-il un milieu ?... Marthe! ma mère connaît son nom! ma mère a envoyé un espion ici... C'est celui qui a fait cette visite hier au père... Cet espion entretient correspondance avec ma mère, par dépêche... Non, point de suicide, point de crime devant Dieu... J'ai trouvé ! j'ai trouvé ! c'est une inspiration du ciel ! je ne partirai pas, je ne resterai pas, je ne me tuerai pas; je ferai plus !

En se parlant ainsi à lui-même, il se promenait avec agitation dans sa chambre, et il devint calme tout à coup, comme s'il eût retrouvé dans sa découverte son bonheur perdu.

Il prit la dépêche fatale et la relut; rien n'est émouvant comme cette pensée écrite, qui a traversé cinq cents lieues en dix minutes et apporté toute fraîche la parole d'une mère.

— Eh bien, dit Léopold, comme s'il eût parlé à sa mère, assise à son côté; tu seras contente de moi; tu ne me déshériteras pas, tu ne me maudiras pas. La noblesse de notre maison ne sera pas souillée de mésalliance. Je croyais pourtant être dans les nouvelles idées du siècle, en oubliant mon blason pour épouser la plus belle des filles. La noblesse descend des grands hommes, et la beauté descend de Dieu.

Il ouvrit la fenêtre et regarda le ciel comme pour le prier de faire avancer le jour.

IX

LE VILLAGE DES BAUX

Les ruines de Pétra, si bien décrites par M. de Laborde, peuvent donner une idée du village des Baux. Voilà quelque chose encore qui continue la similitude entre la terre d'Égypte et le sol arlésien. Dans l'ordre physique comme dans l'ordre moral, dès que la ressemblance s'établit sur un point, elle se complète ensuite aux yeux de l'observateur.

L'histoire des ruines du village des Baux est à faire, comme celle de Pétra, de Solo, de Palanqué, qui étalent leurs mystères sur les sables de Syrie, dans les forêts de Java et de la presqu'île d'Yucatan.

Rien d'émouvant, au milieu d'une solitude, comme une pierre taillée par l'homme et attendant un historien qui n'arrivera jamais, heureusement. La pierre mentirait; laissons-la dans son innocence virginale.

On visite ce village des Baux comme un décor de rêve. La fièvre donne ces visions aux malades. Il y a des rues pavées d'herbes funèbres, de fleurs anonymes et de tristes chardons; le passant se garde bien d'y passer. A droite et à gauche, les maisons, bâties en pierres d'Arles, pierres chères aux Romains, le peuple architecte, s'écroulent, se lézardent, et semblent s'agiter au souffle du mistral comme des coulisses d'opéra; les escaliers montent à des étages absents; les assises du seuil ont perdu leurs portes; les toits sont descendus pour servir de pavés; un soleil splendide d'insouciance éclaire ce néant pétrifié avec la même prodigalité de rayons qu'il accorde à Paris dans ses jours de bonne humeur.

Telle est la Thébaïde arlésienne que Léopold a choisie pour son suicide innocent.

A prix d'or, et à l'aide de quelques ouvriers, il a rendu à peu près habitable une de ces maisons désertes. Il a fait pour son désespoir ce qu'a inventé pour son plaisir un Anglais dans les ruines de Heidelberg.

— *Il fait bon ici*, a-t-il dit comme l'apôtre du Thabor.

A l'exemple de saint Jérôme, que le souvenir d'Aglaé, dame romaine, tourmentait un peu dans sa Thébaïde, il a consenti à recevoir parfois des nouvelles de la Rome des Gaules, et il a trouvé comme agent dévoué, son compatriote Pfeiffer, qui n'a pas renoncé à la médaille d'Auguste. Un seul domestique est chargé de subvenir aux besoins mentionnés dans l'Oraison dominicale,

6.

le pain-quotidien, avec ses accessoires obligés.

Cette vie de cénobite offre un certain charme à Léopold, surtout la nuit. Avec son imagination allemande, il croit qu'il se survit à lui-même et qu'il habite un monde inconnu. Il se donne le plaisir de prolonger le rêve d'une minute, ce rêve qui doit traverser le cerveau du supplicié après sa mort. Une lueur livide éclaire des masses informes; il y a des bruits d'herbes et des plaintes sourdes comme autour des sépulcres; le souffle du fantôme de Job effleure l'oreille et donne le frisson.

Les légendes du Neckar parlent de ces choses, et on s'en entretient aux veillées de Heidelberg.

A sa première nuit d'anachorète, Léopold se récita la ballade de Justinus Kerner, et il la trouva plus émouvante que jamais, surtout au dernier couplet, à ce cri d'effroi et de désespoir que pousse la jeune fille et que répètent les échos du Neckar, en remontant les vallons depuis

Heidelberg jusqu'à la jolie ville de Cannstadt.

Léopold pleura en disant ce couplet, imparfaitement traduit ainsi :

Mon père ! secourez votre fille chérie !
L'homme des eaux l'entraîne à l'île de cristal.
Adieu, mon beau pays ! mon doux vallon natal !
Adieu, mes sœurs de la verte prairie !

Cette légende lui rappelait trop la belle Marthe, et il résolut de l'oublier. Il lui fallait vaincre aussi cette terreur nerveuse qui vient assaillir les plus braves lorsqu'une horloge lointaine sonne minuit, et prolonge dans un désert de ruines cette lugubre mélopée, comme une invitation aux fantômes. Pour s'aguerrir, il résolut encore d'employer le procédé de l'ermite des ruines de Heidelberg.

L'Anglais John Mackerson, qui a fait élection de domicile au milieu de ces admirables ruines, avoue que le coup de minuit le glaçait d'effroi, comme un héros d'Anna Radcliffe ; il croyait alors voir les statues des électeurs palatins Ruprecht, Othon, Frédéric, s'agiter dans leurs niches et secouer leurs manteaux de lierre, comme des suaires noirs. Il appela au secours de son imagination fabuleuse les souvenirs de l'histoire réelle, et, pendant les douze coups de minuit, il songea aux douze guerres qui ont désolé les bords du Neckar, depuis Ruprecht III, en 1400, jusqu'à Mélac, en 1693. Léopold se dit :

— Je songerai, moi, aux Sarrasins, créateurs des ruines arlésiennes, à ces féroces ravageurs, plus terribles que les fantômes des nuits, *noctium phantasmata*.

Au reste, saint Jérôme, bien avant l'Anglais de Heidelberg, éprouvait, la nuit, les mêmes terreurs nerveuses, nous dit l'histoire, au milieu des ruines de Thèbes, et ce vers vient encore à l'appui :

Talis erat, si vera fides, Hieronymus olim;

et il est mort centenaire, en songeant à Cambyse, le plus illustre des ravageurs.

Ainsi tout était prévu par l'anachorète Léopold, tout, excepté ce qui devait arriver.

Le mystérieux espion faisait son jeu, et les dépêches se croisaient sur la ligne télégraphique qui fait causer le Rhin et le Rhône comme deux voisins.

Un soir, Léopold assistait à un concert magnifique, exécuté pour lui seul. Le mistral jouait une symphonie avec l'orchestre des ruines, et Beethoven n'était qu'un humble flûtiste auprès de ce maître provençal, élevé au Conservatoire du Nord. C'était merveilleux à entendre, pour un Allemand surtout et un jeune adepte de Wagner.

Le puissant symphoniste de l'air murmurait un andante en sourdine sur le clavier de l'horizon, et, fidèle à toutes les règles du contre-point et de Reicha, il graduait sa mélodie sur les touches des cailloux de la Crau, en modulant des *tierces* merveilleuses; il prenait un accent religieux, en se servant des arceaux du cirque de Gallus comme d'un buffet d'orgues; il prodiguait les notes stridentes à travers les touffes de pins, et, arrivé au village des Baux, il éclatait en *stretta* formidable, exécutée par les lézardes des ruines, les œils-de-bœuf crevassés, les escaliers disjoints, les touffes de lierre et tous les arbustes parasites greffés dans ce domaine de la désolation et de la mort.

On pouvait à peine entendre, au milieu de cette harmonie, le bruit d'une voiture; c'était comme la toux d'un abonné de l'Opéra, traversant la *stretta* de l'ouverture de *Guillaume Tell*, lorsque tout l'orchestre entonne le cri de l'insurrection.

Un grand silence se fait à chaque intermède du mistral; les gens du pays, qui personnifient tout, comme leurs aïeux les Grecs, disent : *Le vent est allé boire*, et, en effet, jamais musicien altéré par l'exécution n'a mieux mérité un rafraîchissement.

Dans cet intervalle de silence, un coup retentit sur la porte neuve de l'ex-maison ; le domestique seul entendit ce bruit extérieur, car Léopold, absorbé dans son ravissement d'auditeur de symphonie, crut que ce léger bruit était un écho de la dernière note ou l'erreur d'un instrumentiste en retard.

Le jeune homme avait rallumé les bougies, éteintes par une fusée de *si bémols* du mistral, et il se remettait à son calcul historique sur Abdérame et Charles-Martel, lorsqu'un frôlement de satin efféminé se fit entendre dans le corridor.

— C'est Marthe! s'écria Léopold.

Il ouvrit la porte, tendit les bras... et embrassa sa mère!

X

Les larmes, les douces étreintes, les effusions de tendresse précédèrent les paroles. Puis, la pauvre mère s'assit lourdement, comme épuisée par la fatigue d'un si long voyage, et, arrachant une exclamation au foyer des sanglots, elle dit :

— Tu veux donc me tuer, enfant !

— Je ne veux pas être maudit, répondit Léopold.

— Et dans quel horrible endroit es-tu venu?

ajouta madame Amalia; oh! tu ne resteras pas ici une minute de plus. Viens !

Et, se levant, elle prit le bras de son fils et l'entraîna vers la porte.

— Mais, ma bonne mère, dit Léopold d'une voix déchirante; aimez-vous mieux que je me tue? La fatalité m'a fait une vie impossible hors du tombeau que j'ai choisi... Voulez-vous consentir à mon mariage avec...

— Jamais, jamais, dit la mère, l'honneur de ma famille est un dépôt saint qui m'est confié. Je viens pour t'arracher à cette horrible solitude; et pour te laisser libre dans ton choix, j'ai vendu toutes nos propriétés de Durlak, de Sandhoffeim, de Schwetzingen, de Heidelberg; tout l'argent provenant de ces ventes est à toi. Je me suis réservé, pour vivre, si je vis, une rente de trois mille florins, et, après-demain, je m'embarque pour l'Amérique, c'est résolu.

Léopold embrassa étroitement sa mère, et dit d'un ton ferme :

— Je pars avec toi.

— Dieu soit béni ! j'ai retrouvé mon enfant ! dit la mère en couvrant de baisers son fils unique.

— Oui, dit Léopold, il faut que je change de monde ; il faut que j'oublie ; il faut que ma bonne mère vive... Mais j'ai quelques engagements d'honneur à remplir...

— Parle, mon fils... Tu as des dettes ?... elles ne dépassent pas un million de florins ? ajouta-t-elle en riant.

— Rassure-toi, ma mère... J'ai promis une petite dot de deux mille florins à... une nièce... non une cousine...

— Je donnerai cet argent à M. Pfeiffer, qui reste encore quinze jours à Arles.

— Vous connaissez donc cet antiquaire ?

— Je l'ai trouvé à ton auberge, et il m'a accompagnée jusqu'à cet abominable village! il nous attend dans la voiture.

— Ah! mon Dieu! reprit Léopold; j'ai contracté aussi une énorme dette avec lui !...

— La médaille d'Auguste? dit la mère. La voilà dans ce porte-monnaie.

— Quel bonheur! dit Léopold; oh! je ne croyais jamais plus prononcer ce mot!

— Et, sur ce mot, partons, dit la mère. Laisse toutes ces guenilles d'ameublement à ton domestique, ce seront ses gages.

Ainsi Léopold rentra dans son auberge, avec sa mère et Pfeiffer.

L'antiquaire avait fait fortune et ne se possédait pas de joie; il épousait la médaille d'Auguste, ce qui lui rendait son célibat léger.

Dans le vestibule de l'auberge, Léopold remarqua un homme vêtu de noir et à tournure allemande, qui échangeait furtivement quelques paroles avec sa mère.

— C'est l'espion, pensa-t-il.

Et il ne se trompait pas.

En sortant de la chambre de Léopold pour entrer dans la sienne, madame Amalia Kastel lui dit :

— J'ai donné des ordres pour retenir deux passages à bord d'un trois-mâts américain, qui part après-demain lundi pour New-York.

Léopold s'efforça de sourire et donna à sa mère le dernier baiser de ce jour.

Excité par l'héroïsme du devoir filial, il était décidé à suivre sa mère au delà de l'Océan; mais l'insomnie brûla sa nuit, et, quand le jour parut, ses pieds s'affaiblirent, comme s'ils refusaient de quitter cette terre arlésienne où le corps laissait l'âme.

A travers les teintes trompeuses de la nuit, madame Amalia Kastel n'avait pas remarqué la profonde altération que le grand jour révéla soudainement sur le visage de son fils. Un vif serrement la saisit, lorsque, en entrant dans la chambre de Léopold, elle ne reconnut plus le frais et joyeux étudiant de Heidelberg, paré de toutes les fleurs de la jeunesse. Un teint pâle, des paupières cerclées de noir, des joues creuses attestaient des souffrances intérieures et de violentes luttes contre le désespoir.

— Eh bien, ma mère, dit Léopold avec un sourire triste, partons par le premier convoi.

— Par le second, dit la mère en contenant des larmes qui montaient d'un cœur brisé.

En ce moment, des voix mélodieuses chantaient l'*Ave maris stella* dans la rue; c'était une procession de jeunes filles qui rentrait à l'église.

La mère ouvrit la fenêtre et regarda défiler la théorie grecque, baptisée par Lazare, premier évêque, et introduite dans le rit chrétien.

Rien de touchant comme cette théorie de belles et jeunes filles, qui adressent une prière à l'étoile de la mer pour la rendre favorable aux pauvres mariniers.

La mère de Léopold laissa couler ses larmes, les essuya, et, faisant un violent effort sur elle-même, elle dit à son fils :

— Tu ne veux pas voir ces jeunes filles?

— Non, dit Léopold en ayant l'air de s'occuper de ses bagages.

— Écoute, mon fils, reprit madame Kastel, Dieu me donne une idée...

— Alors, elle est bonne, fit Léopold.

— Je veux voir...

Elle s'arrêta.

— Qui? demanda vivement Léopold.

— Tu ne devines pas?

— Non, mère.

— Avant de partir, je veux voir Marthe.

Léopold poussa un cri de joie et faillit étouffer sa mère dans un embrassement.

— Dites-moi, comment dois-je m'y prendre pour satisfaire ma curiosité? dit la mère en se dégageant des bras de Léopold.

— Rien de plus aisé; c'est aujourd'hui dimanche, elle m'a dit qu'elle allait à la messe de neuf heures, à sa paroisse. Pfeiffer vous accomgnera... car je n'ose proposer...

— Je veux la voir sans toi, interrompit la mère. Oui!... il est près de neuf heures... attends-nous ici.

Quelques instants après, madame Amalia Kastel et l'antiquaire entraient à l'église. La nef était presque toute remplie de femmes et de jeunes filles, et le silence n'était troublé que par la prière de l'officiant.

Après l'*Ite missa est,* madame Amalia Kastel sortit et se mêla aux groupes des curieux, qui stationnent toujours sur la place des églises.

— Regardez bien, dit-elle à Pfeiffer, et pressez-moi le bras quand elle passera devant nous.

Les plus charmantes filles passaient devant la mère de Léopold, et le bras de Pfeiffer ne donnait pas l'avertissement convenu. Tout à coup, madame Amalia pressa le bras de son compagnon, et dit :

— La voilà !

— Oui, fit l'antiquaire.

C'était Marthe, en effet; la mère n'avait pas eu besoin d'attendre le signal, elle avait vu avec les yeux de son fils.

XI

Marthe, accompagnée de sa cousine, marchait avec lenteur, les yeux baissés et le rosaire à la main; les lignes calmes de la douceur et de la sagesse donnaient à sa beauté un caractère séraphique. Il n'y avait autour d'elle que des éclats de rire, joyeux à l'oreille comme des roulades de rossignols; Marthe seule semblait prendre plaisir à diminuer sa beauté par la tristesse, et montrait sur sa figure les traces d'un désespoir qui était venu demander à Dieu une consolation.

— Suivons-la, dit madame Kastel d'une voix altérée par l'émotion.

Et, entraînant son compagnon, elle se mit sur les traces de Marthe.

— Il a raison, disait-elle avec des sourires et des larmes, elle est adorable, cette fille! Quelle taille exquise! quelle démarche gracieusement naturelle! que cette coiffure lui va bien!... Mon pauvre Léopold! mon pauvre enfant! il a vu passer devant lui ce chef-d'œuvre de Dieu, il a été ébloui, il a aimé. Le cœur ne raisonne pas, il aime, c'est bien mieux!

L'antiquaire, absorbé par la possession de sa médaille, ne daignait s'intéresser à rien; il n'écoutait pas, il ne prenait aucune part à cette joie maternelle, qui est la musique du cœur.

Marthe entra dans sa maison, et madame Amalia Kastel, sans vouloir raisonner sa démarche, suivit de près la jeune fille, et ne trouva dans la salle basse qu'un homme de haute taille qui lisait un livre de piété. Pfeiffer attendait dans la rue.

La mère de Léopold était âgée, ou, pour mieux dire, était jeune de trente-huit ans, ce qui fait trente. Elle avait la taille et la beauté de ces princesses palatines qui étaient adorées comme des déesses au siècle de la galanterie mythologique.

Elle leva son voile en entrant, et le père de Marthe laissa tomber son livre et retint un cri de surprise et d'admiration.

Il y eut un moment de silence, causé par l'embarras des deux personnages. Le père de Marthe n'avait jamais vu sa maison honorée d'une pareille visite, et il n'osait offrir une chaise à cette étrangère, qui semblait descendre d'un trône.

Le plan de la jeune femme fut bouleversé. Elle trouvait le père seul, au lieu de la fille : il fallait donc improviser un plan nouveau.

— Monsieur, dit-elle, sans savoir encore ce qui

devait suivre, monsieur, on m'a dit que cette maison était à vendre, et je viens prendre des informations auprès de vous.

— Madame, répondit le père, cette maison ne m'appartient pas, et je ne sais si elle est à vendre ; mais vous pouvez vous adresser au propriétaire, il demeure vis-à-vis.

— Aujourd'hui, reprit madame Amalia en souriant, tout immeuble est à vendre lorsqu'on veut bien le payer. Voudriez-vous vous charger de l'entremise ? Il y a des honoraires à gagner des deux côtés.

— Eh ! madame, dit le père avec tristesse, l'argent porte malheur. Je vous rendrai le service, si vous voulez, mais gratuitement.

— Cela vous honore, reprit la jeune femme ; mais, si vous réussissez, vous n'empêcherez pas l'acheteuse de faire un cadeau à votre fille, et...

— Ne parlons pas de cela, madame, interrompit le père ; ma fille a renoncé au monde, et, si elle n'entre pas au couvent des Petites-Maries, c'est que j'ai besoin d'elle dans la maison.

— Mais vous ne me refuserez pas au moins de voir votre fille un instant, dit madame Kastel ; j'en ai entendu dire tant de bien, que je serai heureuse de l'embrasser.

La voix douce qui faisait cette demande supprimait un refus.

Le père fit un pas vers le corridor, et dit avec sa voix retentissante :

— Marthe, descends.

La jeune fille entendait un confus murmure de voix qui montait de la salle basse, et elle écoutait au haut de l'escalier.

A l'appel de son père, elle descendit lestement, entra dans le petit salon, regarda fixement la belle étrangère, et s'écria :

— Oh ! madame, donnez-moi des nouvelles de votre frère !

Cela fut dit en provençal ; mais le mot *fréro* fit

comprendre le reste et doubla le bonheur de la mère de Léopold, qui étreignit dans ses bras la jeune fille et la couvrit de baisers maternels.

La scène qui suivit ne peut être décrite : tout fut expliqué en un instant, avec des mots entrecoupés, avec des larmes traversant des rayons de joie, avec des demandes qui n'attendaient pas les réponses, avec des réponses interrompues par des caresses. C'était le délire de la joie domestique, exprimée par l'union des plus nobles sentiments humains, l'union de tous les amours.

Quand le calme revint et permit de raisonner, madame Kastel prit les mains de sa fille Marthe, et dit au père :

— Maintenant, vous allez laisser à ma grande prudence de mère le soin de tout arranger le plus convenablement possible; point de bruit, point d'éclat, les voisins doivent tout ignorer avant le mariage. Jusqu'à ce moment, mon fils ne verra pas votre fille; mais la vie est longue, après le mariage ils ne se sépareront plus.

Léopold n'avait pas quitté la fenêtre de l'auberge, et il comptait les minutes par siècles : l'horloge semblait vouloir éterniser les heures.

Quand il vit sortir sa mère du carrefour voisin, il devina le dénouement; la jeune femme marchait de ce pas joyeux qui n'est pas celui des mauvaises nouvelles, et le premier embrassement de la mère prouva, sans le secours des paroles, que le fils avait bien deviné.

— Ma mère, dit ensuite Léopold, le bon Dieu a donné au blason de Marthe trois *pièces* plus honorables que le *besant* et le *chevron,* il lui a donné la sagesse, la grâce et la beauté. C'est ma femme qui m'anoblit.

— Tais-toi! dit la jeune mère en riant; ne parlons plus de cela... Mais nous ne pouvons plus rentrer à Heidelberg...

— Oh! non, dit vivement Léopold; c'est alors

que je verrais 'éclater autour de moi la seconde épidémie de l'hôtel *Zœhringen!*

— Ce n'est pas ce que je crains, moi, reprit la mère; je crains notre famille, et après les émotions que nous venons de subir, nous avons besoin de calme et de repos, et la guerre civile domestique n'est pas de mon goût... Ah! j'avais oublié de te dire que la belle enfant m'a reconnue tout de suite, et qu'elle a cru que j'étais ta sœur.

— Adorable! fit Léopold en joignant les mains.

— Eh bien, je t'avouerai, reprit la jeune femme, que cela m'a fait plaisir... Ah! j'ai oublié maintenant ce que j'allais dire tout à l'heure. Voici... L'Italie te plaît-elle?

— Tout me plaît maintenant.

— Bon! écoute, Léopold; nous irons en Italie; il y a des villes qui ont des ruines sur une rivière, comme Heidelberg, et nous choisirons la localité qui nous conviendra le mieux.

— Nous les habiterons toutes, dit Léopold ; voilà mon choix tout fait.

— Soit, Léopold, et nous rentrerons à Heidelberg, quand notre famille aura reconnu que les *pièces* du blason de Marthe sont plus honorables que les pièces des croisades.

— Puis, reprit Léopold, soyons de bonne foi, ma mère, entre nous... là, voyons... notre noblesse ne remonte pas bien haut, et nos armes sont un peu bourgeoises. Nous datons du règne de l'électeur Frédéric V, en 1621. Il n'y a pas trop de quoi se targuer. La beauté remonte à Ève, c'est beaucoup plus ancien, n'est-ce pas, mère?

— Ah! si ton oncle t'entendait, dit la mère en éclatant de rire.

— Mais mon oncle ne m'entend pas ; nous causons entre nous... Ah! il me tarde bien de voir Marthe!

— Mon fils, fit la jeune femme, tu dois te soumettre à ce que j'ai réglé dans ma sagesse.

— Oui, je me soumets à tout, bonne mère! Tu te charges de tous les préliminaires fastidieux, et ce bon Pfeiffer t'aidera.

— Sois tranquille, mon fils, ce ne sera pas long.

— Et moi, reprit Léopold, pour m'étourdir, je vais continuer mon travail sur Abdérame et Charles-Martel, auxquels je dois mon bonheur.

— Ah! fit la mère en riant, ces deux messieurs ont fait ton bonheur?

— Certainement, ma mère; je leur dois toute reconnaissance; les ruines qu'Abdérame a faites dans ce pays m'ont consolé, m'ont distrait, m'ont retenu, m'ont donné la vie en me donnant la force de résister à mon malheur; de son côté, Charles-Martel m'a rendu un immense service, car s'il n'eût pas détruit les Sarrasins, Arles serait musulmane et Marthe serait dans un sérail. Est-ce clair?

— Clair comme le jour de ce beau pays, dit la

mère en riant ; ah ! que je suis heureuse de te voir reprendre ta gaîté ; oui, je sors pour m'occuper de tes amours, et toi, continue ton travail sur tes deux bienfaiteurs.

Le mariage est le plus beau de tous les dénouements ; on n'en trouvera jamais de meilleur pour les comédies et les histoires : quand ce mot sacramentel est prononcé, il n'y a plus rien à dire; c'est le grand mot de la fin. Alors, un grand secret commence : la vie privée se mure pour les deux fortunés époux, dans l'histoire ; et sur le théâtre, quand on a prononcé ces mots : *Ils sont unis*, le rideau tombe.

Léopold et Marthe ont été unis le jour de Saint-Jérôme, 30 septembre 1859.

L'instinct du croisement des races remonte à la migration des Hébreux, sous Moïse. L'avenir du monde et le progrès de l'intelligence résident dans ce noble instinct. Croisez le Nord et le Midi, et vous verrez les résultats. A l'heure présente, Léopold et Marthe habitent Rome, ce grand Heidelberg italien ; ils ont deux enfants, dont les yeux rayonnent déjà d'intelligence, et dont la beauté semble avoir pris son modèle sur les divines statues du musée Capitolin.

XII

A HEIDELBERG

Cette histoire semblait finie à la dernière ligne du précédent chapitre, lorsque de nouveaux renseignements sont arrivés de Heidelberg, au commencement du printemps de 1864.

L'histoire sera complète maintenant.

Vers la fin de février, une grande dame descendit à l'hôtel de *Prinz-Karl*, avec une suite composée de deux femmes de service et d'un homme d'âge mûr qui semblait appartenir à l'espèce des intendants.

On lui présenta le registre des voyageurs, et elle écrivit :

« La comtesse Aldini Furinola, de Florence. »

Ce fut un événement dans l'hôtel; on annonça qu'une comtesse italienne, d'une beauté merveilleuse, était arrivée et qu'elle paraissait devoir séjourner à Heidelberg.

Tous les voyageurs stationnèrent dans le vestibule pour la voir passer, quand elle sortirait, en se rendant aux ruines du château.

Elle demanda l'adresse du banquier Bauer, et à sa première sortie, elle prit une voiture à la place qui commence à l'angle de l'hôtel du *Prince Charles*, et se rendit chez le banquier.

M. Bauer fit à l'étrangère cet accueil exceptionnel qui ne manque jamais aux belles femmes et lui dit, lui désignant un fauteuil :

— Madame la comtesse, quel est l'heureux hasard qui me procure l'honneur de votre visite?

— C'est malheureusement une question d'intérêt, dit la jeune femme en allemand assez pur pour une Italienne; j'ai une lettre de crédit de cinquante mille florins, de la maison Micali, à votre adresse.

Et elle déposa son titre sur un guéridon.

— Je présume que vous allez à Francfort? dit le banquier.

— Non, monsieur, reprit la comtesse; je reste à Heidelberg; mon intention est de me perfectionner dans la langue allemande, pour faire ensuite une traduction du *Dante*. J'espère, monsieur, que vous me faciliterez le moyen d'acheter une petite maison, dans un quartier un peu éloigné du fracas de la ville.

— Ce sera facile à trouver, dit le banquier. Et quel prix comptez-vous mettre à cette acquisition?

— Aurai-je quelque chose d'habitable pour vingt-cinq mille florins? demanda la comtesse.

— Il faut vous dire, madame, que, depuis le nouveau chemin de fer, les immeubles ont doublé de valeur chez nous; mais, si vous voulez bien me confier vos intérêts, je ferai de mon mieux.

— Vos instants sont précieux, dit la comtesse en se levant, et je...

— Madame, interrompit le banquier, les instants les plus précieux sont ceux que je consacre à obliger une grande dame. Je suis même à la veille de quitter les affaires, et je liquide en ce moment.

— Et vous quitterez Heidelberg? demanda la jeune femme.

— Très-probablement, madame.

— C'est une charmante ville, si je puis en juger à première vue.

— Oui, madame, charmante; mais, que voulez-vous!... Au reste, cela ne vous intéresse en aucune façon; ce sont des affaires de famille.

— Ah! fit la jeune femme; je suis dans la même position, moi, ce sont aussi des affaires de famille qui m'ont obligée à quitter Florence.

— Ah! je comprends, dit le banquier d'un air malin.

— Oh! monsieur, reprit la comtesse, gardez-vous bien de faire des suppositions... vous tomberiez dans des erreurs.

— Pardon, madame, je respecte les secrets de famille, et je ne suppose rien.

La comtesse s'inclina fort gracieusement, et prit congé du banquier.

Elle rentra chez elle et se cloîtra pendant huit jours, ce qui mit les voyageurs au désespoir.

Cette semaine écoulée, M. Bauer, qui avait un excellent prétexte pour rendre sa visite, se fit annoncer à l'antichambre de la comtesse Aldini Furinola.

On l'introduisit au salon, où la jeune étrangère lisait.

Elle se leva, offrit sa main à Bauer, avec la grâce la plus aristocratique, et dit :

— Eh bien, venez-vous me délivrer de ma prison? mon cottage est-il trouvé?

— Oui, madame, dit Bauer; j'ai terminé avec mon beau-frère, M. Kastel, qui nous attend dans ma voiture. La maison n'était pas en vente; mais, comme nous sommes tous à la veille de notre départ, M. Kastel veut bien consentir à faire aujourd'hui ce qu'il ferait dans quelques jours.

— Mais c'est donc une émigration en masse? dit la jeune femme en riant.

— Hélas! il le faut, madame.

— Je ne veux pas être indiscrète, reprit la comtesse; veuillez bien me donner le temps de mettre mon chapeau, et je suis à vous.

M. Bauer, resté seul, prit le livre que lisait l'étrangère; c'était un traité de philosophie, en allemand; une œuvre de Kant.

L'attente ne fut pas longue, la jeune femme reparut, et arrondit son bras pour inviter M. Bauer à le prendre. Sur l'escalier, les voyageurs sta tionnaient à toutes les marches, et le vestibule était peuplé. Un murmure d'admiration, contenu par la politesse, accompagnait l'étrangère, et M. Bauer était triomphant.

M. Kastel attendait dans la voiture. C'est un oncle de quarante-cinq ans, très-vert, très-blond, très-grave, très-distingué. Il s'inclina profondément pour saluer la comtesse, et la voiture se dirigea vers le charmant coteau, émaillé de maisons de plaisance, dans le voisinage du chemin de fer.

— Madame la comtesse, dit M. Kastel, voilà ma maison; si elle ne vous convient pas, elle sera toujours fière de votre visite.

— Mais, dit la jeune femme; si l'intérieur répond à l'extérieur et le prix à ma fortune, l'achat sera bientôt fait.

XIII

Un concierge ouvrit la porte de la maison, et la comtesse entra lestement, suivie de ses deux compagnons.

Elle visita le rez-de-chaussée, qu'elle trouva fort bien distribué.

— La vendrez-vous avec les meubles? demanda-t-elle.

— Si cela convient à madame la comtesse, répondit M. Kastel.

— Oui, cela m'arrangerait assez, reprit la jeune

femme. C'est si ennuyeux le soin de l'ameublement, il n'y aurait aucune réparation à faire, il me semble?

— Non, madame, tout est neuf, comme vous voyez... Seulement, il faudrait effacer les armes de ma famille sur deux panneaux.

— Et pourquoi? dit la comtesse. Laissons les armes; elles sont fort belles; vous devez en être fier.

M. Kastel et M. Bauer répondirent par des soupirs.

— Et les tableaux du salon, les cédez-vous aussi? poursuivit la comtesse.

— S'ils plaisent à madame.

— Ce sont des copies?

— Oui, madame. Il y a un Holbein que je crois original.

— Oui, reprit la jeune femme, une *Fuite en Égypte*, c'est d'un primitif adorable... Et le prix?

— Il m'a coûté deux mille florins, et je ne veux rien y gagner...

— Ce n'est pas cher, monsieur... Ah ! voici deux portraits de famille, je crois ?

— Oui, madame, et ceux-là, je les enlève...

— Mais ils sont très-bien... Une jeune dame, très-belle...

— C'est ma sœur, dit Bauer d'une voix éteinte.

— Ah ! vous me la présenterez, monsieur Bauer...

— Impossible !

— Comment ! elle serait...

— Elle est bien loin d'ici ; elle est à Rome.

— J'attendrai son retour.

Deux nouveaux soupirs répondirent.

— Voilà un beau portrait de jeune homme, reprit la comtesse.

— C'est le portrait de mon neveu Léopold, dit Bauer.

— Vous dites cela d'un air triste, remarqua la jeune femme ; j'espère que ce beau garçon se porte bien ?

— Oui, madame ; on dit qu'il se porte fort bien.

— On dit? remarqua la jeune femme; je ne comprends pas ce *on dit*.

— Voici, madame... Léopold est absent, et il nous prive de ses lettres.

— Ah! je crois comprendre; c'est un de ces neveux comme il y en a tant; un dissipateur, un prodigue, un...

— Non, madame; il n'a aucun défaut...

— Ah!

— Au reste, reprit M. Bauer, si vous vous établissez à Heidelberg, vous apprendrez tôt ou tard cette histoire de famille, et j'aime mieux vous la conter de suite; elle sera toute vraie au moins.

— Croyez, monsieur, dit la jeune femme, que je suis digne de toute confiance.

— On le voit, sans être grand observateur, reprit M. Bauer. Mon neveu Léopold a été malheureusement entraîné par une passion, à une mésalliance.

— Vraiment! dit la jeune femme, sur le ton de la surprise la mieux jouée.

— Oui, madame; il a épousé une fille de rien, une blanchisseuse!

— Une blanchisseuse française! dit M. Kastel en se voilant la face.

— Est-ce possible? fit la jeune femme.

— Hélas! rien n'est plus vrai, reprit Kastel; et une Française d'Arles, un village en ruines. Ah! madame, ce coup nous a tués, et nous nous sommes décidés à quitter Heidelberg, parce que deux familles nous regardent de mauvais œil et ne nous saluent plus, comme si nous étions complices de la faute de notre neveu.

— Mais il me semble, dit la comtesse, que si vous ne saluez pas les deux familles qui ne vous saluent plus, elles doivent être aussi froissées que vous pouvez l'être.

— Non, madame; ces familles ont raison et nous avons tort, dit Bauer; les apparences sont contre nous. Ma sœur, ma propre sœur a autorisé ce mariage ; elle a suivi son fils et sa belle-fille ; elle s'est expatriée avec eux, et on croit alors que nous avons tout approuvé et que notre désolation est une comédie. Vous, madame, qui appartenez à une noble famille, vous comprenez mieux que personne notre désespoir.

— Ah! dit la jeune femme, on commence à voir beaucoup de mésalliances, chez nous : l'Italie se démocratise, comme le reste de l'Europe. La noblesse s'allie avec la roture. Ma cousine a épousé un employé de chemin de fer.

— Vraiment ! dirent Bauer et Kastel.

— Oui, reprit l'étrangère, et nous avons tous signé au contrat. Que voulez-vous ! il faut être de son siècle.

Mais pardon, messieurs, je vous retiens peut-être... Arrivons à notre affaire... Que demandez-vous de l'immeuble et de tous les accessoires ? je n'aime pas la vie d'auberge.

Terminons, je voudrais m'installer ici ce soir.

— Madame, dit M. Kastel, que pensez-vous du prix de vingt-cinq mille florins?

— Je pense que mon affaire est bonne, dit l'étrangère en riant, bonne pour moi... Mais vous me laissez le portrait de votre sœur... Quelle charmante figure!... Ce portrait réjouit le salon. C'est convenu, vous me le laissez?

— Madame, dit Bauer sur le ton de la galanterie, celui qui vous refuserait quelque chose ne mériterait pas le nom d'homme.

— Et ensuite, reprit l'étrangère, vous ne pourrez pas séparer la mère du fils... Je garde aussi le portrait de votre neveu... Comment le nommez-vous?

— Léopold.

— Il est très-bien aussi, M. Léopold... Quel est ce costume qu'il porte?

— Le peintre l'a représenté en étudiant... Ah! c'était bien alors le plus charmant jeune homme de Heidelberg!... Mais une tête folle!... Nous pouvions l'établir ici très-convenablement; mais il cherchait un idéal, disait-il, et cet idéal était une blanchisseuse, qui ne parle aucune langue, une espèce de sauvage, qu'il a trouvée dans un pays qui n'existe pas.

— Enfin, dit l'étrangère, s'il est heureux, votre neveu, avec cette blanchisseuse, sa faute est excusable... Savez-vous s'il est heureux?

— Nous ignorons tout, et nous ne voulons rien savoir, madame.

— Vous êtes ému en disant cela, reprit la jeune femme; il me semble que, malgré sa faute, votre Léopold a encore une bonne place dans votre affection et dans celle de M. Kastel.

Les deux oncles ne répondirent pas et regardèrent le plafond.

La jeune femme examina encore les divers objets de curiosité qui meublaient les salles basses, et marcha vers la porte, en disant:

— Voilà ma lettre de crédit réduite de vingt-cinq mille florins.

On remonta en voiture, et on reprit le chemin de l'hôtel du *Prince Charles,* où l'étrangère descendit.

— J'espère, dit-elle en quittant ses compagnons, j'espère avoir le plaisir de recevoir votre visite demain, dans ma nouvelle propriété.

La visite fut promise avec joie et empressement.

XIV

LES DEUX ONCLES

Les deux oncles, restés seuls, se regardaient en face et s'interrogeaient des yeux.

Après un long silence, Bauer dit à Kastel :

— Eh bien, que pensez-vous de cette femme ?

— J'en suis encore épouvanté, répondit Kastel ; avez-vous remarqué que je n'ai pas voulu perdre mon temps à parler avec elle ? Je l'observais.

— Et le résultat de vos observations est que ?...

— Qu'il n'y a pas de résultat. C'est une énigme. Vingt fois, j'ai ouvert la bouche pour lui demander si elle était veuve, ou mariée, ou séparée de son mari, et la crainte de commettre une indiscrétion m'a retenu.

— Oui, dit Bauer, c'était fort délicat, tout ce que nous savons, c'est qu'elle est belle à ravir...

— Et gracieuse comme les trois grâces ensemble.

— Et distinguée comme une princesse palatine.

— Et dangereuse comme un démon.

— Celle-là n'a pas besoin de décliner son titre; elle est comtesse jusqu'au bout des doigts.

Ils arrivèrent devant la maison de Bauer en causant ainsi et en se donnant un rendez-vous pour la visite du lendemain.

Comme on le pense bien, ils furent exacts.

A la porte du jardin, ils s'arrêtèrent pour écouter.

La plus douce des voix chantait :

> Dé bouen matin mi siou levado
> A la fouen iou siou anado,
> Moun amourous m'a rescountrado.

— C'est une chanson italienne, dit tout bas Kastel; quand les femmes chantent, il y a toujours une pensée dans le morceau qu'elles ont choisi.

— Oui; mais il faudrait savoir l'italien, dit Bauer.

— L'air est charmant, remarqua M. Kastel.

— Et la voix! reprit Bauer; quelle voix! quelle justesse! quel timbre d'or!

— Oh! dit Kastel, en Italie, les grandes dames ont des maîtres excellents, et les élèves ont toutes des dispositions. C'est le vrai pays du chant, après l'Allemagne.

— N'allez pas lui dire cela, au moins, Kastel, nous nous brouillerions avec elle.

— Mais vous tenez donc bien à son amitié, Bauer?

— Certainement, j'y tiens; et, si j'étais plus jeune, je serais plus ambitieux. N'importe! même à l'âge mûr, on aime à vivre dans le voisinage d'une jeune et belle femme. Il y a autour d'elle une atmosphère douce qui fait du bien. On croit toujours qu'elle va vous aimer, lorsqu'elle vous sourit, et sa voix est une musique pleine de mélodies, une fête pour l'oreille et le cœur.

— Prenez garde, Bauer! dit Kastel en riant; veillez bien sur vous. Il y a des amoureux qui ne parlent pas aussi chaudement.

Et il agita le cordon de la sonnette à la porte du jardin.

Ils entrèrent, et le concierge leur désigna l'endroit du jardin où la comtesse se trouvait.

Un massif d'arbres ombrage une source et un bassin d'eau vive, à côté de la maison. La voix qui chantait *de bouen matin,* se faisait toujours entendre de ce côté; elle conduisait les pas des deux visiteurs.

La comtesse, en grand négligé du matin, courbée devant la source, lavait des mouchoirs de fine batiste, avec la gracieuse nonchalance d'une blanchisseuse de profession.

Au bruit des pas, elle se retourna en éclatant de rire, et dit :

—Me voilà perdue dans votre estime, messieurs! Aussi, pourquoi ne vous faites-vous pas annoncer?

— Oui, nous sommes dans notre tort, dit Bauer; mais, si vous nous pardonnez, nous ne regretterons pas de vous avoir surprise dans vos occupations de ménage.

— Écoutez, reprit la comtesse d'un ton sérieux; ces mouchoirs me sont précieux; je les tiens d'une femme qui m'est chère, et ils exigent beaucoup de soins.

Et elle ajouta en riant.

— Excusez-moi, et regardez-moi un instant avec les yeux de votre neveu, qui adore les blanchisseuses.

— Ah! dit Bauer, si celle qu'il a épousée vous ressemblait, nous lui pardonnerions de grand cœur sa mésalliance.

— M. Kastel est plus inflexible, lui dit la comtesse en décochant à l'oncle un sourire divin; même il ne pardonnerait pas à son neveu, si sa femme me ressemblait.

— C'est une erreur, madame, dit Kastel. Que Léopold me présente une femme comme vous, et je le serre dans mes bras.

— Pardon, messieurs, dit la comtesse, je ne puis garder décemment ce négligé de ménagère; veuillez bien m'attendre cinq minutes, et nous causerons des réparations qu'il faut faire dans ma propriété.

Elle leur fit un léger salut, et, en trois bonds de gazelle, elle atteignit la maison.

Les deux hommes la suivirent des yeux, et, quand elle disparut, ils avaient l'air de la regarder encore.

— Elle est vraiment adorable! dit Bauer.

— J'ai envie, dit Kastel, de nous donner un bon conseil à tous les deux.

— Lequel? demanda l'autre.

— Celui de gagner la porte et de ne plus rentrer ici. Elle va nous rendre fous et ridicules, deux malheurs qu'il faut éviter.

— Ah! fit Bauer, vous vous méfiez de vous aussi?

— Oui, et je l'avoue franchement, et moi j'ai le courage d'avouer ma peur et de m'enfuir lâchement. Réglez pour moi, avec elle, nos affaires d'intérêt; vous me rendrez compte, ce soir, de ce que vous aurez fait. D'avance, j'approuve tout.

Et il fit deux pas dans la direction de la porte du jardin.

Au même instant, la comtesse reparut avec un jeune homme, que les deux oncles ne reconnurent pas, car trois ans l'avaient grandi et développé.

Il s'avança, et dit à Kastel.

— Serrez-moi dans vos bras ; voilà ma femme.

Deux cris de joie retentirent dans le jardin. Kastel et Bauer embrassèrent Léopold, et profitèrent de l'occasion pour embrasser encore plus sa jeune femme.

— Et moi! on ne m'embrasse pas? dit une grande dame qui sortait de la maison.

— Ah! très-bien joué! s'écria Kastel.

Et les mêmes caresses furent prodiguées à la mère de Léopold, qui compléta la victoire en montrant deux petits anges, beaux comme leurs frères du paradis.

— Voilà le privilége de notre sexe, dit ensuite madame Amalia ; nous faisons notre éducation, nous, et, au bout de trois ans, on ne nous reconnaît plus. Une jeune fille des plus obscures, mais douée d'intelligence et d'une volonté forte, se fait grande dame et peut figurer dans un bal de cour. Les hommes de naissance infime restent presque tous gauches quand ils veulent se faire grands seigneurs.

— C'est très-vrai! dirent les deux oncles.

— Voilà mon maître, dit Marthe en montrant son mari; il m'a appris l'allemand, le français, l'italien...

— Et la distinction, interrompit Kastel; embrasse-moi encore, ma chère nièce.

— Et maintenant, dit Léopold, c'est elle qui va nous apprendre le secret d'être heureux en famille et de continuer le beau jour qui nous réunit.

Un domestique parut sur le seuil de la maison, et dit :

— Madame la comtesse de Kastel est servie.

— C'est notre repas de noces, dit Léopold; cher oncle, donnez le bras à ma femme.

— Nous ferons le même repas tous les jours, dit Kastel enthousiasmé.

— C'est égal! nous l'avons échappé belle,

murmura Bauer à l'oreille de l'oncle Kastel.

Rien n'est changé depuis cette fête de la réconciliation, et probablement, rien ne changera.

LE PENDANT

DE

LA VÉNUS D'ARLES

I

Les artistes de goût, inspecteurs honoraires qui, en voyage, ne laissent rien passer d'inaperçu dans le domaine du beau et donnent à toutes chose gracieuse ou charmante un long regard changé en souvenir le lendemain, ceux-là n'ont pas oublié une jeune, belle et intrépide valseuse qui, dans la saison de 1859, ouvrait toujours le bal à Ems, pour le bon exemple, et, ne trouvant jamais la valse assez longue, obligeait les musiciens à donner un supplément de quatre pages aux partitions de Strauss ou de Musard.

Les plus habiles devineurs d'âge lui donnaient vingt-quatre ans à huit heures du matin, vingt à midi, et dix-sept le soir. Un homme d'âge mûr l'accompagnait partout. Les fins observateurs disaient : c'est son oncle; d'autres, son père; quelques-uns, son mari.

Tout le monde se trompait, selon l'usage.

Le soir, ce couple mystérieux traversait la Lahn sur la barque où le Caron de la vie attend les passagers, à l'extrémité de la belle promenade. Arrivée sur l'autre rive du bocage élyséen, la jeune femme s'asseyait sous les arbres pour admirer le ravissant paysage que le soleil colore de ses plus douces teintes, et son compagnon, levé depuis cinq heures, donnait un à-compte à ce créancier nocturne qu'on appelle le sommeil, le plus inexorable et le plus calme des créanciers,

On se plaît toujours à donner un surnom aux jolies femmes dont on ne sait pas le nom; c'est un usage thermal; on avait donc surnommé la jeune inconnue, *la belle au bois veillant,* et son conducteur, *le laid au bois dormant;* il ne manquait plus qu'un conte de Perrault à ce mystère; l'histoire arriva.

Un de ces riches oisifs qui viennent de France à Ems pour voir prendre les eaux et oublier Paris pendant un mois, arriva sur les prés fleuris qu'arrose la Lahn, à regret fugitive, et trouvant que la Seine, malgré ses ponts, ne donnait pas autant de fraîcheur et de santé que cette jolie naïade allemande, il s'abonna pour deux mois à son théâtre hygiénique, qui a des montagnes de verdure pour coulisses, le soleil pour plafond, les fleurs pour parterre, le calme pour bruit, la fraîcheur suave pour gaz hydrogène, la santé pour terme d'abonnement.

Ce jeune homme ayant un nom, comme tout le

monde, nous ne le nommerons pas; mais, pour les exigences de l'histoire, je vous proposerai Gaëtan au lieu d'Arthur, qui est un peu usé.

A Paris, Gaëtan dînait dans un de ces cafés du boulevard, qui, en hiver, ont un charme incontestable, mais qui, pendant les deux mois de l'été, exhalent un parfum de cuisine peu récréatif pour l'odorat et l'appétit. Ensuite il sortait et contemplait les files d'omnibus et de fiacres, le soleil couchant voilé par des nuages de poussière grise, et les consommateurs assis autour des guéridons et exécutant en chœur l'éternel refrain :

— Ah ! qu'il fait chaud !

A Ems, il trouva plus doux le régime de vie qui suit le dessert. Il suivait le sentier élégamment agreste qui longe la rivière, jusqu'aux dernières pelouses fleuries de l'hôtel des *Quatre-Tours;* ou, pour varier ses plaisirs, il nolisait une gondole pour un florin, se nommait capitaine au petit cours, et réveillait, avec ses rames, cette

Lahn endormie, qui voudrait bien, elle aussi, rester à Ems et ne pas se perdre dans le Rhin, qui l'avale comme un verre d'eau.

Un soir, le jeune Français croisa sa gondole avec la barque du Caron de la vie, et il fut frappé de la beauté d'une passagère qui regardait amoureusement la cime verte de la montagne, éclairée par le sourire du soleil couchant. La gondole laissa tomber ses rames, car le passager avait laissé tomber ses bras.

C'était la *belle au bois veillant,* qui se rendait à sa pelouse favorite.

Le bruit de la chute des rames fit tressaillir la jeune femme ; elle tourna les yeux vers la gondole, et deux regards se croisèrent et firent battre deux cœurs. Il y a souvent entre deux êtres, destinés à se voir toujours, des effluves mystérieuses, de soudaines révélations d'avenir, qui passent dans l'air où ils se voient pour la première fois.

Ces influences surnaturelles qui, des yeux descendent au cœur, ont une action plus vive, au milieu d'un ravissant paysage et dans la lumière douce d'un soir d'été.

Il y a dans l'admirable vallée de la Lahn un écho qui a un organe particulier; on dirait qu'en sa qualité d'écho allemand il adore la musique, tant il se complaît à redire, avec un charme inexprimable, les fanfares lointaines de l'orchestre du Kursaal.

Ce mélodieux écho prolonge les appels à la danse, de montagnes en montagnes, jusqu'au Rhin, en trente secondes, pour humilier le chemin de fer. Gaëtan entendit l'invitation et, saisi d'une idée d'amoureux, il changea les rames en ailes d'oiseaux et remonta la rivière au vol.

Pourquoi l'Allemagne n'a-t-elle pas élevé une statue à l'inventeur de la valse? Si cet Allemand fût né à Athènes, au siècle de Périclès, on l'aurait fait demi-dieu, au moins, et on lui aurait donné pour neveu l'Amour. Quel immense service cet inventeur a rendu aux générations ! que de mariages il a fait conclure avec ses mesures à trois temps ! Un jeune homme ne connaît pas une jeune fille qu'il aime, et, si la valse n'existait pas, il cherchera dix ans peut-être l'occasion de lui parler. Avec le secours de la valse, il peut l'aborder, et lui offrir sa main le premier soir de son avenir. Quelle économie d'ennui !

Ainsi Gaëtan, le même soir, engagea la belle inconnue pour la première valse; elle avait l'âge du crépuscule, dix-sept ans, et une toilette qui semblait donner la date de l'état civil : cheveux à bandeaux plats; rose fixée au-dessus de l'oreille; corsage enfantin ; crinoline modérée ; ceinture d'azur flottante, et pas de bijoux.

Un début de conversation, en pareille circonstance, est plus difficile qu'un problème de trigonométrie. Gaëtan cherchait et ne trouvait que des banalités parisiennes, sur le beau temps, la chaleur, la musique, le congrès pacifique des nations, le voyage du Rhin. Il fallut enfin se décider, et il hasarda cette phrase :

— Nous avons un été superbe, cette année.

C'était stupide; mais enfin cela demandait une réponse quelconque, et alors on pouvait se lancer par gradations, vers des sujets plus hauts.

La jeune valseuse ne répondit pas ; un éclair de tristesse assombrissait même sa figure.

— Elle m'a trouvé vulgaire dans mon début, pensa Gaëtan; choisissons mieux. Il est singulier, dit-il, que la valse ait été inventée par un Allemand grave, et le lourd menuet par un Français frivole.

Le silence aurait été une impolitesse; la jeune femme répondit :

— *Ich spreche nicht franzosisch und ich verstehe es nicht.* (Je ne comprends pas le français et je ne le parle pas.)

C'était de l'hébreu pour Gaëtan.

— Presque toutes les Allemandes parlent le

français, pensa-t-il ; la fatalité veut que celle-ci ne le parle pas!

L'orchestre lança ses dernières notes dans la colonnade de porphyre, et Gaëtan conduisit à sa place la valseuse et fit un salut muet.

Les colonnes du Kursaal d'Ems favorisent les éclipses totales des amoureux qui veulent voir sans être vus. Gaëtan s'abrita donc derrière un fût de porphyre pour observer le maintien et l'attitude de sa valseuse, afin de pouvoir hasarder quelques conjectures favorables; car, avec sa légère dose de fatuité, commune à bien d'autres, il croyait avoir fait une certaine impression.

Si, après avoir quitté son danseur, une jeune femme cause avec ses voisins, rit sans prétexte, prend les poses les plus gracieuses, raffine naturellement l'art innocent de la coquetterie; si enfin aucun symptôme de distraction ne se peint sur sa figure, c'est qu'elle pense toujours à la danse et que le danseur est déjà oublié. Mais

notre belle inconnue ne se présentait pas sous
cet aspect décourageant à l'œil subtil de l'observateur caché.

Le personnage grave qui l'accompagnait partout lui adressa quelques paroles, et la jeune
femme n'avait pas trop l'air de se soucier d'un
entretien ; elle répondait par un signe de tête ou
par des monosyllabes ; ce qui signifie : « Nous
causerons de cela demain, ne me troublez pas
dans mes réflexions. »

Et elle fermait son éventail, qui aurait dû être
ouvert, pour appuyer sur lui son menton d'agate et réfléchir ; et elle voyait passer devant
elle les plus belles dames et les plus élégantes
toilettes du monde, sans daigner les honorer d'un
regard.

A dix heures, le père, le mari, l'oncle ou le
tuteur regarda sa montre, et se leva brusquement de l'air d'un homme qui craint de manquer
le lendemain l'exacte minute de ses verres d'eau.

La jeune femme fit un mouvement de révolte, et donna un regard circulaire à la colonnade, en prenant le bras qu'on lui offrait.

Gaëtan expliqua tout encore à son avantage, et, se faisant éclipser de colonne en colonne, comme aurait fait un débiteur pour se dérober à l'œil d'un créancier, il suivit de loin, avec l'intention de connaître le domicile vulgaire de la fée du bois.

Elle prit le chemin qui conduit à l'hôtel du *Télégraphe,* et Gaëtan ne perdit pas de vue, à travers la nuit des arbres, la robe blanche qui éclairait les ténèbres avec ses rayons.

Le domicile étant connu, Gaëtan fit plusieurs plans, qu'il trouva impraticables après les avoir trouvés superbes; il résolut d'attendre le meilleur, celui que le hasard prend la peine d'inventer lorsqu'il veut nous servir.

Avant tout, il s'agissait d'apprendre l'allemand en quarante-huit heures, pour le bal du surlendemain, ou, du moins, il fallait retenir un certain nombre de phrases qui complètent le vocabulaire de l'amour. En pareil cas, le Dictionnaire est un gros livre farci d'inutilités et de locutions stupides. Quand on aime, on peut passer toute sa vie à dire quatre phrases, toujours les mêmes ; le roi Salomon, qui s'y connaissait, a exprimé cette opinion si sage; il a écrit qu'en dehors de la langue de la tendresse, on ne trouve que les formules oiseuses de la vanité.

On est très-fort quand on a pour soi le sage Salomon, qui a aimé trois cents fois dans sa longue vie, comme l'affirment les plus graves des historiens.

Le libraire d'Ems, M. Kirchberger, homme d'esprit et d'intelligence, et parlant français comme un Français qui le parle bien, vint en aide à Gaëtan et lui donna un petit livre, rempli de dialogues familiers, en deux langues, avec la prononciation.

Gaëtan avait pris un prétexte de voyageur, en cachant au libraire son secret d'amoureux.

Pendant deux jours consacrés à l'étude des dix phrases de la langue allemande, les seules nécessaires au bonheur, il se donna quatre heures de congé pour se promener sous les derniers arbres de l'allée et observer le jeu des fenêtres à l'appartement de la belle inconnue. C'est un métier que tous les jeunes amoureux ont fait et qu'ils feront jusqu'aux dernières fenêtres de Josaphat. On fredonne un air, *sotto voce* : *O Mathilde, idole de mon âme* ; ou, *Viens, gentille dame;* ou *Quand on attend sa belle ;* ou *Avec bonté voyez ma peine;* on a de quoi varier avec le répertoire des opéras. Si la fenêtre reste sourde a toutes les gammes de Meyerbeer, de Rossini, de Boïeldieu, le chanteur en est pour ses frais de *tenorino ;* il peut donner sa démission ou s'engager sur un autre théâtre pour tenter des débuts plus heureux. Mais, si la persienne s'agite d'abord avec une précaution intelligente; si cette oreille de bois s'ouvre; si une boucle de cheveux blonds ou bruns flotte au vent; si un charmant profil suit la boucle et se dessine à l'ombre ou au soleil, oh! alors l'amoureux voit luire, à la bienheureuse fenêtre, l'arc-en-ciel de l'espoir; le ténor est engagé, même s'il chante faux, car la fausseté du chant indique la sincérité de la passion. Au théâtre, cet avantage serait sifflé.

Le jeu de la persienne observa toutes les nuances de la gradation; c'était comme une gamme ascendante, en action; l'espagnolette grinça timidement; le double volet s'ouvrit avec lenteur; une boucle flotta; un profil divin la suivit, puis le visage adoré rayonna au soleil et l'éteignit.

Gaëtan appuya sa main sur son cœur, comme pour l'empêcher de se briser.

A la seconde station, la persienne joua le même jeu.

C'est alors que Gaëtan se mit à faire des progrès rapides dans l'allemand de l'amour. — Oh! l'amour! quel professeur de langues! se disait-il en allant dîner à Nassau, pour mieux étudier encore les dix phrases dans ce vallon enchanté, où les montagnes s'habillent de velours vert pour conseiller l'espérance aux amoureux; et en se promenant sur le joli pont de Nassau, il laissait tomber sur la rivière la dernière de ces phrases, phrase grande comme un in-folio, *je vous aime*; *ich liebe Sie*, et, dans son délire, il priait la Lahn, agile messagère, de porter ce poëme à la berge du bois où la belle veillait tous les soirs.

II

L'heure du bal sonna, et Gaëtan tressaillit de peur, comme le conscrit qui entend le premier coup de canon d'une bataille. Quelques minutes auparavant, il se promenait sous les frais platanes de la terrasse, et il s'était applaudi en faisant la répétition générale de ses dix phrases, et voilà qu'au moment décisif, il avait tout oublié. Le moment était solennel. La foule élégante entrait au Kursaal; l'orchestre prenait le *la;* les jeunes officiers de Coblentz se disposaient à faire leurs engagements de danse ; il fallait prendre une résolution énergique et s'emparer à tout hasard de la première valse. Le reste appartenait au destin.

Il ne restait pas même un loisir pour consulter le petit livre ; et d'ailleurs quelles amères railleries l'auraient accablé, s'il eût été aperçu prenant une leçon d'allemand, au pied levé, pour causer avec une Allemande !

La tête brûlée par la fièvre qui fait vivre, il entra au Kursaal.

Peu de temps après, la belle inconnue vint s'asseoir à la place accoutumée et avec la même toilette de l'autre bal. Les femmes mettent une intention dans les plus petits détails. Gaëtan comprit le sens du choix de cette place et de cette toilette, et son sourire d'approbation intelligente ne fut pas perdu ; deux beaux yeux d'iris velouté le saisirent au vol.

Il s'approcha d'elle, s'inclina respectueusement, et murmura quelques syllabes sourdes, qui, dans tous les pays, signifient : je vous engage pour la première valse ou le premier quadrille.

Ce qui fut accepté avec un empressement peu déguisé.

L'orchestre déchaîna son ouragan de notes fulminantes, et le charmant couple bondit sur le marbre, avec cette gracieuse agilité qui fascine le regard du spectateur et le retient fixé sur ce groupe jusqu'au dernier accord.

Sa main unie à la main de la belle Allemande, Gaëtan avait encore mieux oublié son allemand; mais à force d'imposer une volonté à sa mémoire rebelle, il parvint à se souvenir du dernier des dix commandements de l'amour : *ich liebe Sie,* et pour remplir la lacune des neuf autres, il répéta neuf fois le dernier, avec l'accompagnement d'un orchestre furibond, qui semblait noté tout exprès pour cette ardente déclaration.

— Voilà un miracle d'amour! pensa la jeune femme; il a appris l'allemand en quarante-huit heures!

Et à la dernière mesure de la valse, elle daigna répondre par un sourire et un regard qui signifiaient tout, excepté le mécontentement.

A la fin du bal, un échange continuel d'œillades éloquentes avait prouvé à Gaëtan qu'il était sur le chemin d'un mariage improvisé.

Le lendemain, il acheta une grammaire et un dictionnaire, français et allemand, qu'il recouvrit d'un papier satiné, orné de rubans verts.

A sept heures, il guetta la sortie du voyageur inconnu et de la jeune femme, et entra dans la maison. Les concierges parlent tous à peu près français sur toute la ligne, pensa-t-il, et mon plan va infailliblement réussir.

En effet, il réussit avec le secours de cinq frédérics, qu'un concierge n'a jamais refusés.

Gaëtan apprit tout ce qu'il voulait savoir. L'inconnu se nommait le docteur ***, et la jeune femme, veuve Laërta ***, âgée de trente ans, ainsi que l'attestait un stupide mais véridique passe-port.

Le nombre trente surprit un peu Gaëtan, mais ne lui ôta pas une étincelle de son amour.

— C'est l'âge de la vraie femme, pensa-t-il, et ce sont toujours des veuves qui, depuis Didon et Cléopâtre, ont inspiré les plus vives passions.

Et il dit au concierge :

— Donnez ces livres à la femme de chambre de madame Laërta; elle doit les placer sur un guéridon de son appartement.

Le concierge mit la main sur son cœur et les dix frédérics dans sa poche, en signe de dévouement à toute épreuve, et monta pour remplir sa mission.

A l'heure du déjeuner qui suit l'exercice et les libations de la cure, Gaëtan se blottit dans un massif d'arbres, pour étudier de loin le langage de la fenêtre et savoir des nouvelles des deux livres déposés chez Laërta.

— Je parierais dix mille francs, pensait-il, qu'elle va paraître, la grammaire française à la main.

Et, comme il faisait un plan de mariage, toujours l'œil à la fenêtre, il entendit un cri perçant et vit un petit enfant, cornac d'ânes, renversé par un gros livre lancé violemment de l'hôtel de Laërta.

Gaëtan resta pétrifié. Puis, emporté par une curiosité folle, il s'avança et se mêla aux groupes de curieux qui entouraient le petit ânier foudroyé.

— Conçoit-on cela! disait une voix française; il y a des gens qui ont des amusements bien cruels! Voilà un Néron d'hôtel garni qui vient d'assommer ce pauvre enfant avec un dictionnaire!

On fit une quête pour l'enfant, et Gaëtan donna

un billet de dix thalers. Au même instant, la persienne de Laërta lança une bourse qui retentit sur le pavé avec un son d'or.

Le petit pauvre avait fait fortune; il ne pleurait plus. Gaëtan avait repris son attitude de pétrifié. S'il avait pu ouvrir ses lèvres de ténor, il aurait chanté l'éternel chœur des opéras de Scribe : *Quel est donc ce mystère! ce mystère infernal, qui me glace d'effroi ?*

Un savant de Munich s'était emparé du Dictionnaire, sous les yeux de Gaëtan ébahi, et il s'était éloigné rapidement, joyeux d'une emplette que le hasard lui vendait *gratis*.

Le dévoué concierge s'était mêlé aux passants et faisait tous ses efforts pour attirer sur lui l'attention de Gaëtan; mais le jeune homme regardait la cime de la montagne par dessus la ligne des maisons et cherchait le mot de l'énigme dans les nuages.

Alors cet homme subalterne osa se rapprocher

de Gaëtan et lui donner un violent coup de coude qui produisit son effet.

Le regard de l'infortuné amoureux descendit des nues, et il vit le signe intelligent du concierge, qui semblait lui dire : j'ai une chose importante à vous communiquer.

Ils se mirent tous deux à l'écart, et voici ce qui fut révélé.

Ce concierge, selon l'usage de l'emploi, causait avec toutes les femmes de chambre, pour connaître les grands et les petits secrets des familles, et il avait appris le mystère de la maison du docteur ***, oncle paternel de la belle veuve. C'est une page d'histoire assez curieuse :

A l'époque de l'émigration, le jeune chevalier Marcel de *** vint à Coblentz, avec le baron son père, pour fuir les douceurs du Comité de salut public. Marcel, fidèle aux traditions des opéras comiques, voulant être, *en tout pays, l'enfant chéri des dames* et égayer les ennuis de l'émigration, résolut de devenir amoureux d'une jeune Allemande, qui parlait admirablement la langue française. La jeune fille s'éprit d'une vraie passion pour le beau papillon poudré, pailleté, enrubané, qui l'appelait *ma bergère* et lui dédiait des quatrains de Dorat.

Un beau jour, qui fut fort laid pour la jeune bergère des rives de la Moselle, le chevalier, épouvanté du mot *mariage*, qu'elle prononçait trop souvent, passa le Rhin et vint essayer de faire de nouvelles conquêtes, en remontant la Lahn, de Nassau à Giessen. La malheureuse Ariane abandonnée fut saisie d'un accès de fièvre chaude, et, dans son délire, elle ne cessait de redire ce quatrain :

O belle Iris, sois-moi toujours fidèle;
Je quitterai le terrestre séjour,
Mais en t'aimant, car l'âme est immortelle,
Et, tu le sais, mon âme est mon amour.

Le père ayant tout appris par les indiscrétions

du délire, prit son épée et se rendit chez le baron émigré.

— Monsieur, lui dit-il, en 1757, j'avais vingt ans, et je me battais, sous le grand Frédéric, à Rossbach, contre le prince de Soubise. Je puis croiser l'épée avec vous; car une vengeance me fera du bien.

— Palsambleu! dit le baron, vous arrivez à propos; je m'ennuie à la mort, et *cela fait passer toujours une heure ou deux,* comme dit M. Racine dans *les Plaideurs.* J'ai beaucoup connu M. de Soubise; c'était un homme charmant, il a eu l'honneur d'être battu par le grand Frédéric; c'est une faveur à nulle autre seconde. Laissez-moi passer mon pourpoint de campagne, et je suis à vous.

Les deux champions se rendirent sur les bords de la Moselle, et, au moment de croiser le fer, le baron dit avec une grâce charmante :

— A propos, monsieur, de quoi s'agit-il?

— Comment, baron ! vous l'ignorez ! dit le père de l'Ariane.

— Complétement, monsieur de Rossbach.

Alors une explication eut lieu, et le baron ajouta en croisant l'épée :

— J'ai toujours dit que mon diable de fils serait Richelieu II.

Et, après trois passes, il tombait, atteint d'un coup mortel.

— Trois messes pour moi à Saint-Castor, et cent pistoles au curé.

Depuis cette époque, lorsque les jeunes filles ont atteint l'âge de quinze ans, dans la famille du héros de Rossbach, on leur fait jurer, sur la Bible, qu'elles n'apprendront jamais la langue française et qu'elles ne toucheront pas un livre français. C'était un serment d'Annibal, à l'usage des femmes de cette maison, et Laërta, comme ses aïeules, avait juré, sur une bible de Gutenberg.

Aussi, en rentrant chez lui, le docteur, trouvant un dictionnaire français, avait été saisi d'une telle fureur, qu'il avait lancé l'énorme livre, dont la chute venait d'enrichir un jeune indigent.

Une clause avait été oubliée dans le serment, celle-ci : *Je jure de ne jamais épouser* un Français.

Et, à cause de cet oubli, vers la fin de la saison, Laërta épousa Gaëtan, qui savait parfaitement toutes les phrases allemandes nécessaires au bonheur de deux époux ; il a fait beaucoup de progrès ensuite, et il connaît si bien toutes les délicatesses de la belle langue de Gœthe, que Laërta peut se dispenser de parler celle de Lamartine, et elle garde son serment.

PARIS
AVANT, PENDANT ET APRÈS

I

AVANT

PARIS SOUS LOUIS XIV

Ce tableau est dédié aux détracteurs du présent et aux admirateurs du passé ; nous prendrons nos couleurs sur deux riches palettes, et si la teinte noire abonde, nous renverrons les sceptiques à nos deux fournisseurs : Voltaire, l'admirateur du grand siècle, et Boileau, le courtisan du grand roi. Ces deux illustres peintres sont responsables de tout ce qui suit dans les moindres détails.

Le grand siècle commence assez mal, et nul, parmi les vivants, ne voudrait payer un terme de trois mois pour habiter un Paris de cette époque, malgré la cherté des loyers en 1864.

A la fin du règne de Louis XIII, le budget de la France était de quarante-cinq millions : c'est, en apparence, le beau côté de l'histoire ; mais les contribuables paieront une dette plus criarde, ils mourront de faim. La taxe des boulangers est exorbitante, dit Voltaire ; le pain est payé,—quand il est payé, — *vingt-quatre sous la livre ! ! !* Alors les économistes officiels trouvent un remède ; ils font décréter, pour rétablir les finances, qu'il sera retenu aux magistrats quatre-vingt mille livres *sur leurs gages*. La France sera sauvée avec ce supplément.

Les magistrats, ainsi traités comme des valets, se révoltent contre l'édit ; le Parlement refuse de l'enregistrer. La guerre civile éclate dans Paris ; le pain augmente ; les quatre livres coûtent un écu de six francs. Pour obtenir une diminution, le cardinal de Retz découvre un excellent remède : il fait soulever le peuple, lui donne des armes et des professeurs de barricades. La cour se réfugie à Saint-Germain, et, ne trouvant pas de lits, *elle couche sur la paille*, dit toujours Voltaire; le jeune Louis XIV n'a pas de quoi souper le soir. On congédie les pages de sa chambre, sans payer leurs gages, et la tante de Louis XIV, la fille d'Henri IV, la femme du roi d'Angleterre, n'étant pas invitée aux misères de Saint-Germain, demande l'aumône dans Paris ! ! ! c'est du dernier incroyable, mais Voltaire l'a imprimé, d'après tous les Mémoires du temps, et nous devons ajouter beaucoup plus de foi à ce passage de l'illustre historien monarchique, qu'à l'inscription de la Porte Saint-Denis, qui nous parle de *quarante places fortes prises en moins de deux mois* [1].

[1] *Quadraginta urbes munitas, vix sexaginta diebus.* Inscription de la porte Saint-Denis.

Cent mille habitants profitent de l'occasion pour faire leur métier de Parisiens : ils s'insurgent contre Mazarin, et le paient en chansons. Le prince de Condé leur livre bataille dans la plaine Saint-Denis et les met en déroute. On chante un *Te Deum* à Notre-Dame; pendant qu'on chante, les cent mille Parisiens se rassemblent encore, selon leur antique usage, et se font de nouveau disperser par le vainqueur de Rocroy. Ce jeu passe à l'état chronique, et se perpétue jusqu'au moment où la duchesse de Longueville oblige Turenne à déclarer la guerre au roi.

La tête de Mazarin est mise à prix par le Parlement; l'archevêque de Paris se rend aux séances, armé d'un poignard, et dit, en montrant l'arme : *Ceci est mon bréviaire.* Turenne et Condé se livrent bataille dans Paris. La princesse Marie-Louise d'Orléans fait tirer le canon de la Bastille sur les troupes du roi ; et, des hauteurs de

Charonne, Louis XIV assiste à la bataille, et doute de l'avenir de sa royauté.

Le prince de Condé n'a plus d'argent pour subvenir aux frais de la guerre; son intendant Gourville *vole* une recette et la donne au prince; c'est Gourville qui avoue ingénûment le fait, comme chose ordinaire. M. le comte de Rieux trouve le procédé de Gourville un peu leste. Condé lui donne un soufflet, de Rieux le lui rend avec usure. L'affaire n'a pas de suites. L'honneur se déclare satisfait des deux parts; et, à ce propos, Voltaire raille assez agréablement le vainqueur de Rocroy, et, comme contraste, il cite le duc de Beaufort qui tue en duel le duc de Nemours. Ce charmant état de choses amuse les Parisiens jusqu'en 1653. Les boutiques étaient fermées; l'industriel qui avait inventé les restaurateurs, le cabaretier de *la Pomme de Pin*, celui qui avait inscrit sur son enseigne : *Entrez et je vous restaurerai (Intrate et restaurabo vos)*, ce pauvre homme mourut de faim devant ses fourneaux sans feu.

Alors commença une bataille européenne qui fut presque toujours glorieuse pour les armes de Louis XIV, mais qui se termina fort mal, parce qu'à la guerre, toutes les choses qui commencent bien finissent mal, lorsqu'on s'acharne à les prolonger follement. Le Palatinat fut trois fois incendié. La France perdit trois grandes batailles rangées, et, en 1709, après Bleinheim, la misère devint si grande, dit toujours Voltaire, que Louis XIV vendit sa vaisselle, que les rares Parisiens qui avaient le privilége de manger, mangèrent du pain noir, et que la cour, suivant l'exemple donné par madame de Maintenon, mangea du pain d'avoine et se désaltéra sobrement avec la naïade de Marly.

Un contemporain s'était, d'avance, chargé de compléter la chronique de Voltaire. Le courtisan Boileau a écrit ces deux vers avec une étourderie charmante :

Le bois le plus sauvage et le moins fréquenté
Est, auprès de Paris, un lieu de sûreté.

Mais cela ne suffît point au poëte panégyriste; il ajoute que tous les soirs, au moment de s'endormir, le Parisien entend tirer des coups de pistolet dans la rue et qu'une balle *perce son volet !* accident vulgaire. Pendant que Turenne ou de Lorges, ou Mélac envahissait le Palatinat, une armée de voleurs envahissait Paris et le dévalisait au milieu des ténèbres les plus noires, sur un sol pavé d'une boue épaisse, et dans un amas de carrefours de six lieues de circonférence, défendus par *quarante-cinq hommes de police mal payés*. C'est encore Voltaire qui le dit; je le cite textuellement.

Cet horrible état de choses paraissait si naturel, que Boileau le critique comme un sermon de l'abbé Cotin ou un opéra de Quinault; seulement il se plaint d'être *éclaboussé par le cheval de Guénaud*. Ce médecin était le fléau de Paris; il paraît que Boileau le rencontrait tous les jours, et trouvait la grande ville inhabitable, après tant d'éclaboussures. Le banditisme courait les rues, comme l'esprit de nos jours ; il volait dans les églises, il arrêtait sur les ponts, il perçait les volets avec des balles ; c'était un mince désagrément que Boileau n'avait garde de signaler aux hommes de justice. Paris devait s'habituer au fracas de la mousqueterie des voleurs, et dormir au son de cette musique du passé. Guénaud et son cheval éclaboussant Boileau était signalé nominativement aux sbires du châtelet. Guénaud supprimé, tout rentrait dans l'ordre. On avançait de deux siècles le Paris de M. Haussman. Le même Boileau, qui a écrit une excellente satire sur la noblesse, a oublié une chose dans son effrayant tableau de Paris : elle était pourtant belle l'occasion de censurer, en quatre beaux vers, la folie de ces nobles seigneurs qui *rossaient le guet* sur le Pont-Neuf, et se vantaient de ce

bel exploit, le lendemain, à Versailles. Chose
inouïe! Paris, livré à une armée de voleurs, assassins, n'avait, pour se défendre, qu'une garde
de quarante-cinq hommes, et ils étaient payés
toutes les nuits à coups de bâton par de grands
seigneurs exemptés de l'impôt.

Le théâtre donnait de temps en temps une belle
œuvre pour corriger les mœurs en riant : il s'a-
gissait bien de mœurs bourgeoises à corriger!
Avant tout, il aurait fallu corriger les mœurs de
dix mille assassins qui trouaient les fenêtres avec
des balles. La noble tragédie donnait de hautes
leçons aux rois; mais elle oubliait de leur conseiller de rendre Paris habitable. Bossuet, Massillon,
Fléchier, ont laissé tomber des paroles sublimes
du haut de la chaire de Versailles ; mais aucun
de ces trois merveilleux orateurs n'a consacré
une phrase d'oraison funèbre à des milliers de
familles, mortes de misère et de faim dans les
masures pestilentielles du vieux Paris.

Tout ce qui nous révolte aujourd'hui paraissait alors très-naturel. La misère était admise comme une maladie sociale et incurable. Le paupérisme était un état comme un autre, et presque tout Paris l'exerçait. *Les pauvres sont les meilleurs amis de Dieu*, disait le père Bridaine, dans son exorde admirable; on leur aurait donc rendu le plus mauvais des services en les enrichissant. Eh bien! l'instinct de la gloire nationale était toujours si fort chez ce bon peuple si malheureux, qu'il achetait des chandelles au lieu de pain pour illuminer Paris à la nouvelle d'une victoire. *L'incroyable passage du Rhin, où personne n'aurait été tué*, dit Voltaire, *sans l'imprudence de Longueville*; la campagne de Hollande, dans laquelle, dit encore le même historien, un officier écrivait ceci à Turenne : *Si vous pouvez m'envoyer cinquante chevaux, avec cela je pourrai prendre deux ou trois villes;* l'incendie de Heidelberg, de Manheim, de Spire et de trente-deux villages par les quatre cents condottieri de Mélac ; tous ces événements que la distance et l'exagération courtisanesque rendaient merveilleux, consolaient le peuple de ses misères ! il courait aux *Te Deum* de Notre-Dame, et brûlait en signe de joie, sur les places publiques, la petite provision de bois qui l'aurait chauffé tout l'hiver...

Le théâtre était alors le plaisir des grands seigneurs ; ils avaient leurs banquettes sur la scène ; ils causaient avec Agamemnon, Phèdre et Célimène, et prenaient des copies des épigrammes lancées contre Racine ; on menaçait le poëte

De bons coups de bâton donnés en plein théâtre ;

ou bien on se pâmait de joie à la lecture de ce quatrain :

Vrai suppôt de Lucifer,
Explique-nous ce mystère :
Pour avoir fait pis qu'Esther,
Comment diable as-tu pu faire?

La salle était éclairée par douze chandelles de suif, et glacée comme une hutte de Lapon. On voyait au parterre quelques héroïques bourgeois, *crottés jusqu'à l'échine*, qui avaient bravé la boue, les ténèbres, la pluie, le froid et les voleurs, pour goûter les plaisirs de l'intelligence. Les femmes gardaient la maison et recommandaient à Dieu ces maris imprudents qui s'aventuraient après le couvre-feu, sans escorte, sans torches de résine et sans *chaise-à-porteurs*.

Ainsi, malgré la gloire éternellement attachée au règne de Louis XIV, le peuple de Paris n'oublia pas ses souffrances, et vit, dans la mort du grand roi, un progrès vers un meilleur avenir. Ses larmes ne coulèrent pas sur le chemin qui conduisait les monarques défunts à la nécropole de

Saint-Denis. Ces funérailles de Louis XIV furent joyeuses, et formèrent un contraste rempli de leçons avec le funèbre convoi de Henri IV. Le peuple se souvient de ceux qui se sont souvenus de lui. Rien de triste comme la note qui termine le royal panégyrique écrit par Voltaire, la voici : *J'ai vu de petites tentes dressées sur le chemin de Saint-Denis. On y buvait, on y dansait, on y riait; les sentiments des citoyens de Paris avaient passé jusqu'à la populace.*

II

PARIS PENDANT

Les villes se peuplent, se meublent et s'agrandissent en s'embellissant, lorsque le calme intérieur fait songer aux douces exigences de la vie domestique. A Rome, la ville qu'il faut citer toujours, les maisons mêmes ne suffisaient pas aux habitants à l'époque des Gracques; ces tribuns se révoltèrent pour cause d'architecture bourgeoise, et ils conduisirent sur le mont Aventin tous les citoyens qui n'avaient pas une pierre pour reposer leur tête. Après leur mort, on conti-

nua de ne pas bâtir et de ne pas se loger. La
guerre civile et les proscriptions désolèrent Rome,
et envoyèrent aux armées les maçons et les architectes. A peine délivrée de l'invasion des Cimbres et des Teutons, l'Italie fut inondée de son
propre sang; quatre météores sinistres épouvantent Rome : Marius, Sylla, Spartacus, Catilina.
Si la conjuration de ce dernier réussit, la ville
brûle; on avait déjà préparé les fascines, dit Cicéron, et toutes les masures qui dataient des
Tarquins étant fort combustibles, disparaissaient
avant d'être changées en maisons.

Quand le Temple de Janus, éternellement ouvert, fut enfin fermé par Auguste, la vieille Rome
s'anéantit : il y eut complète rénovation depuis
la porte Capène jusqu'aux jardins de Lucullus;
depuis le mont Esquilin jusqu'au Vatican. Aussi
l'empereur pouvait dire cette belle parole historique : « *J'ai trouvé une Rome d'argile, je laisserai une Rome de marbre.* » Le grand œdile —

mal francisé en édile — chargé de l'intendance des voies publiques et des bâtiments publics, *l'homme des maisons (œdes)*, seconda les intentions d'Auguste en opérant ce prodige de transformation. Chose remarquable de nos jours, c'est aussi le grand édile, nommé providentiellement *homme des maisons*, par une parenté germaine, *Hausmann*, qui a transformé le vieux Paris.

Il est évident que, si l'ancien état de choses eût subsisté dans le municipe parisien, la grande capitale ne donnerait aujourd'hui qu'aux oiseaux de l'air une circulation libre; le Paris de 1847 serait intraversable, à cause de l'affluence toujours croissante des voitures et des étrangers. Un conseil municipal ordinaire, fonctionnant selon les procédés de la vieille routine et des économistes fossiles, aurait fait sans doute beaucoup de discours, d'après les doctrines de Say et de Malthus, mais ne nous aurait pas donné un boulevard de plus. Pour sauver promptement

Paris d'un encombrement homicide, il fallait une forte initiative contrôlée par le génie et mettant l'action féconde à la place de la parole stérile; il fallait un homme ayant foi dans son œuvre et s'inquiétant peu des murmures d'un jour, car ils devaient bientôt être apaisés par l'unanime approbation; il fallait un esprit d'avenir qui, prévoyant l'invasion pacifique des deux mondes, comprendrait que le temps des rues était passé pour Paris, et que le temps des boulevards était venu.

Aujourd'hui, tout le monde trouve que l'idée du grand édile est la chose la plus naturelle du monde. C'est toujours l'histoire de l'œuf de Christophe Colomb; beaucoup de gens même, en s'échappant aujourd'hui d'un embarras de chevaux, de timons et de roues, comme de la mêlée d'une bataille, pensent que Paris n'est pas encore assez large, et qu'une douzaine de boulevards supplémentaires ne seraient pas de trop.

Certes, les artistes, les penseurs, les poëtes, ont le droit de donner leurs regrets à tant d'augustes pierres remplies de souvenirs historiques et que le vent de la démolition a balayées dans son vol. Mais ces artistes, ces penseurs, ces poëtes admiraient du haut des tours de Notre-Dame ce Paris pittoresque et si cher au démon des épidémies, et ils se seraient bien gardés d'y faire élection de domicile. On embrassait de loin, dans un épanchement de tendresse platonique, ces idoles fiévreuses du moyen-âge, et on payait son terme dans les zones spacieuses ouvertes à la vie et au soleil. Les pauvres familles, ensevelies de leur vivant au fond de ces masures lépreuses, les admiraient fort peu, et depuis dix siècles, les infortunés prolétaires réclamaient leurs droits à la lumière et à la respiration. Le cœur se serre à l'idée que des millions de Parisiens sont morts dans ces poétiques maladreries sans avoir vu les étoiles et le soleil, et malgré la devise écrite

sur tous les murs par les poëtes de la Sorbonne :
Le soleil luit pour tout le monde (*Sol lucet omnibus*).

Enfin, le Malherbe de la lumière est venu !
j'aime mieux celui-là.

Le *statu quo*, d'origine française, quoique
latin, a si longtemps gouverné municipalement
cette bonne ville de Paris, que le Louvre, ce
palais vénérable des rois, a été masqué, de 1814
à 1844, par une haute muraille de bois gluant et
une ligne d'échoppes hideuses, où des marchands
en guenilles suspendaient, malgré le respect dû
aux mânes de Perrault, tout le bric-à-brac des
chiffonniers, où des bateleurs montraient de
petits géants, de grands nains et des sauvagesses
de Paris qui avalaient des cailloux ! Le conseil
municipal a hésité trente ans pour voter une
dépense de trente francs, qui aurait délivré la
colonnade de Perrault des injures des chiffonniers. Enfin, il a été décidé qu'on ne les voterait

pas. L'empire a rendu toute sa splendeur à l'admirable monument de la royauté.

Ce que tant de fois nous avons vu au boulevard des féeries et des baguettes des magiciens, le génie de l'édilité nous l'a montré sur le théâtre du département de la Seine; mais le machiniste du carton a été enfoncé dans son troisième dessous par celui de la pierre. *Aladin* et *la Biche au bois* sont des jeux d'enfants auprès de cette féerie merveilleuse qui, sur une circonférence de quinze lieues, a tout à coup changé la boue en marbre, Lutèce en Paris. Vous souvient-il de notre étonnement primitif, lorsque le conseil municipal fit un coup de tête et mit cinq ans à percer la rue Rambuteau? Les familles lointaines s'y rendaient en pèlerinage, le dimanche, pour voir si le journal ne les avait pas trompées, en abusant du nom du préfet de la Seine. Vous souvient-il de cette insolente maison, isolée devant les Tuileries, narguant le roi et le peuple, et soutenant, comme Ilium, un siége de dix ans avant sa chute? On venait aussi sur la place du Carrousel, pour admirer l'obstination sublime du propriétaire; et Louis-Philippe, le roi-architecte, donnait tous les matins un regard impuissant à cette solitaire protestante, et, dans le conseil des ministres, il élevait cette question à la hauteur de la question d'Orient.

Quelle joie éclata dans Paris, lorsqu'on apprit que l'Ilium à quatre étages allait disparaître, et que le Priam de l'auberge du Carrousel, après un siége décennal, avait enfin consenti à s'enrichir avec une forte indemnité! Les rues *Fromenteau, Saint-Thomas, de la Bibliothèque, de Chartres,* s'illuminèrent spontanément à cette nouvelle; ignobles rues qui formaient un trait d'union de cloaques entre le Louvre et le Palais-Royal.

Ceux qui ont le bonheur d'être jeunes ont le malheur d'ignorer ces choses de l'ancien régime. Nous devons, nous, qui avons vu trop de révolutions, instruire les nouveau-venus dans le monde parisien, afin qu'en admirant notre capitale si belle, ils ne fassent pas des erreurs chronologiques et rendent à César le Paris de César.

C'était hier, ou avant-hier, Paris se réveilla couvert de ruines faites *entre deux soleils*, comme on dit en termes de siége. Il semblait qu'une artillerie muette avait, pendant la nuit, renversé de longues files de maisons comme des châteaux de cartes. Puis la lenteur ayant été supprimée, dans notre siècle qui a supprimé la distance, et l'improvisation, fille moderne de l'électricité, opérant des miracles, les ruines disparurent, et la moitié d'un Paris neuf sortit de la terre en annonçant l'autre moitié pour le lendemain.

Jamais plus beau coup de théâtre, depuis les jours fabuleux où Amphion, le Rossini de l'architecture improvisée, fit insurger les pierres en masse et construisit Thèbes en un jour. Les boulevards se bordent de palais, s'entre-croisent en tous les sens, et se perpétuent sur toutes les lignes des horizons. Partout le soleil fait connaissance avec des terres vierges de rayons; partout les artères de la vie palpitent sur l'épiderme du géant de la Seine; partout les hautes corniches s'alignent, en traçant leurs arêtes lumineuses dans l'azur du ciel, et les triangles, favorables à la circulation, avancent leurs pointes sur le vide des carrefours, comme les proues de vaisseaux à six ponts; le regard n'est plus offusqué par les méandres tortueux de la vieille école urbaine; il rencontre l'infini sur toutes les zones, et nul ne peut préciser le terme où Paris s'arrêtera.

Le peuple, cet illustre oublié, trouve enfin pour lui des parcs aristocratiques et des *squares* improvisés pour ses enfants. Le bois de Boulogne inaugure ses joyeuses fêtes sur le vieux domaine des spadassins; Vincennes égaye sa forêt lugubre, et donne au faubourg Saint-Antoine des Tuileries plus belles que celles des rois. Monceaux livre à la foule le secret de ses doux ombrages, et se purifie de son passé. L'interminable Louvre s'achève et devient l'immense reliquaire des trésors de l'univers artiste ; c'est la promenade dominicale, où le peuple va s'instruire et apprendre combien il faut de siècles, de guerres, de ruines, de dynasties, en commençant aux Assyriens, pour arriver à la civilisation d'aujourd'hui. Les cinquante barrières de Louis XV s'écroulent sur toute la circonférence de ville. L'inutile enceinte de la guerre se change paisiblement en un mur d'octroi. Paris étouffait déjà sur un terrain trop exigu ; il faut à cette Rome française l'enceinte Aurélienne, mesurée par le plus grand des Antonins. L'arc triomphal de l'Étoile était une limite, comme l'arc de Titus, et, comme lui, il devient centre, et du pied de ce monument des victoires rayonnent douze lignes d'arbres et de palais, l'opulent faubourg de l'avenir, dont le mont Valérien sera bientôt le Vatican.

La capitale a donc fait sa toilette d'impératrice, pour recevoir son serviteur, l'univers. Lorsqu'en 1684, les ambassadeurs siamois, envoyés par le Céphalonien Constance, arrivèrent à Versailles, ils admirèrent le palais de Louis XIV ; mais ils dirent que leur ville de Saïgon était cent fois supérieure à Paris, et à leur retour à Siam, leur capitale, ils regrettèrent tant leur voyage et firent de si nombreuses plaisanteries sur la France, que le peuple siamois, trois ans après l'ambassade, massacra le ministre Constance, les soldats français et les six jésuites envoyés par Louis XIV. Bien plus, la veuve du ministre qui avait conseillé l'ambassade de Versailles, fut réduite par le roi à l'état le plus vil de la domesticité. C'est encore Voltaire qui nous a donné ces détails. Nous avons vu, en ces derniers temps, arriver les ambassadeurs des extrêmes zônes orientales. Ces étrangers ont consacré un jour à Versailles, comme des provinciaux d'Asie, mais ils ont joui de Paris comme des provinciaux de Marseille; ils l'ont trouvé cent fois supérieur à Saïgon et même à Jedo, et, à leur retour, ils lui feront des réclames dans cette belle langue japonaise, qui séduisait le grand Tavernier. Maintenant, laissez accomplir, à l'état-civil de Suez, le mariage de l'Océan indien et de la Méditerranée, et vous verrez arriver, après l'avant-garde, l'armée voyageuse du grand Orient. L'attraction parisienne exercera sa puissance sur ces favoris du soleil, peuples impressionnables, devenus nos voisins, et qui, amoureux de l'inconnu, ne sachant plus à quelles fantaisies employer l'or enfoui dans leurs porcelaines, traverseront le ruisseau de l'Océan sur un pont de vapeur, et viendront, comme autrefois les satrapes de la Perse et de l'Euxin, visiter la Rome moderne et s'établir sur notre mont de Mars et sur notre Vatican.

III

APRÈS [1]

L'historien du passé bien souvent est accusé de faux. L'historien de l'avenir est plus heureux; il peut rencontrer des incrédules, mais jamais

---

[1] Un anonyme, fortement soupçonné d'être un propriétaire *indémolissable,* m'écrit et m'accuse d'avoir été un adversaire de la démolition. Voici ma réponse :
Le 30 mai 1847, dans un feuilleton de la *Presse* (consulter la collection, rue Montmartre, 123), j'ai applaudi à l'emprunt de vingt millions que la ville venait de voter pour commencer sa toilette, et j'ai ajouté : *Si j'avais l'honneur d'être Paris, et d'avoir, comme cet immortel millionnaire, un crédit sans fin, j'emprunterais*

des accusateurs. On est même toujours porté à le croire, quand sa prédiction annonce des années favorables et met la bonne chance au futur. Si Cassandre et Jonas ont été odieux à leurs contemporains, c'est que l'un a dit, en voyant le premier pirate grec : *Encore dix ans, et Ilium aura vécu !* et l'autre : *Encore quarante jours, et Ninive sera détruite !*

En voyant le Paris actuel, on n'a que du bien à lui prédire; tous les horoscopes seront en faveur de son avenir. Cassandre et Jonas y perdraient leur grec et leur hébreu, et donneraient leur démission de prophètes sinistres à courte échéance. Le vaisseau de Paris, figuré par la

à la république de Lima les mines du Pérou, et je me démolirais *pour me rebâtir.* Suit ma signature.

Il y a huit ans, dans le premier numéro du *Monde illustré,* j'osai entrevoir la conséquence des démolitions, et j'écrivis cette phrase : *Paris suit le mouvement des corps célestes, il va de l'est à l'ouest.* (Consulter la collection, rue Bréda, 15.)

coupe du terrain de la Cité, les trois mâts de Notre-Dame et de la Sainte-Chapelle, et la poulaine d'Henri IV, vogue à pleines voiles vers l'horizon de l'Océan et le tranquille port de l'avenir. Paris, comme Londres, a pris le bon exemple en haut lieu ; il suit le cours du soleil ; il s'est levé du côté de l'aurore, et marche toujours vers le couchant.

Il envoie à l'univers ses modes, ses opéras, ses drames, ses vaudevilles, ses quadrilles, tout ce qu'il y a de grave ou de frivole dans son esprit. Si Paris cessait d'exister, l'univers ferait relâche pour cause de décès. Et avec cela, Paris est le meilleur enfant du monde ; il aime à se faire humble pour ne pas humilier ; il a soin de proclamer tous les jours sa décadence ; un de ses critiques célèbres a dit : *Il ne restera pas dix lignes de tout ce qui a été écrit de nos jours ;* un historien populaire a prouvé, dans son premier volume, que *la langue française est morte en 1811*, *avec Fontanes.* Quelle langue écrit-on et parle-t-on en 1864? Dieu le sait, une langue sans nom.

Ainsi tout concourt à rendre Paris sympathique à l'univers, et à lui préparer la plus pacifique, la plus amicale des invasions. Cette fois, l'archevêque de Paris ne se rendra pas à l'arc de Constantin-le-Grand, comme le pape Léon, pour arrêter Attila et sauver la *ville Léonine, urbs Leonina;* les Huns, les Vandales, les Goths, les Daces, les Parthes, les Pannoniens, les Scythes, les Sarmates envahiront Paris, par convois non funèbres, en *express-train,* et recevront une hospitalité royale dans tous les caravansérails du boulevard.

Nous assistons au commencement de l'invasion; elle a été pressentie par les Jonas de bon augure, les intelligents fondateurs de ces hôtelleries qui ont autant de chambres que les labyrinthes de la Crète et du lac Mœris. Elles sont déjà complètes comme des omnibus. Attendez un peu, et le Paris du centre sera un hôtel, un restaurant et un café. Le boulevard, de la Bastille à la Madeleine, ouvrira ses deux lignes pour embrasser le monde voyageur, et on s'entretiendra, aux tables d'hôte, de ce vieux Paris indigent, qui se réjouissait lorsque le coche d'Auxerre, la diligence paresseuse de Joigny, les pataches du Bourbonnais, versaient trois familles par semaine dans les auberges du *Grand-Cerf* et du *Plat-d'Étain*.

Et le vaisseau de Paris voguera toujours vers son *West-end*, comme Londres, qui eut la Tour pour berceau et qui dépasse aujourd'hui les limites de *Kensington-garden*. En 1827, j'écrivais ce vers, dans la *Villéliade :*

. . . . Grenelle
Trembla pour l'avenir de sa ville nouvelle.

Mais j'ajoutai, en terminant, ce paradoxe impérial, devenu vérité :

Sous les marbres sacrés de la place Vendôme
La terre tressaillit, et l'oiseau souverain
S'agita triomphant sur sa base d'airain !

J'esquivai la saisie, grâce à la spirituelle bonté de M. de Villèle et à l'énormité du paradoxe qui annonçait une ville future dans le désert de Grenelle et le retour de l'aigle de Napoléon. Paris a fait un pas, et Grenelle, Chaillot, Passy, Auteuil sont incorporés dans la capitale. Un pas encore, et la rue de Neuilly sera une rue monumentale, qui s'arrêtera aux bords de la Seine, comme la rue Appienne, exhumée par Piranèse, et qui, partie des environs de l'Arc de Constantin, descendait en deux lignes droites et démesurées, à la limite Aurélienne, devant la tour de Cécilia.

En 1806, lorsque Napoléon, si bien inspiré, posa aux savants officiels cette question grosse d'avenir : « *Peut-on appliquer la vapeur à la navigation, comme force motrice?* » l'Institut, qui n'avait jamais ri, *tollit cachinnum*, ébranla ses voûtes d'un éclat de rire olympien, qui mit en déroute le vainqueur d'Austerlitz et donna un retard de cinquante ans à l'horloge de la civilisation. Ce demi-siècle expiré, un paquebot à vapeur éclata de rire à son tour, en décochant sa fumée stridente aux sphinx de l'Institut. Plus tard, on mit en circulation un de ces mots qui sont accueillis par un doute ironique : « *Paris port de mer !* » c'est le premier grain du paradoxe déposé dans le sillon de la future réalité. Un beau matin, les Parisiens virent arriver, devant le Pont-Royal, le brick *France et Bretagne*, et aujourd'hui une flottille à voiles et la frégate-école stationnent devant les rives du quai d'Orsay. La première trirème échouée sur les grèves d'Ostie, annonce le port de Rome et la flotte de Caïus Duilius. Dès qu'un progrès matériel commence, il ne s'arrête plus. La nature même lui vient en aide avec ses forces mystérieuses, qu'elle nous révèle à temps opportun. Après l'eau, le vent, la vapeur, notre siècle hérite de Prométhée et enlève au trésor du ciel la flamme de la vie, le fluide électrique, le levier rêvé par Archimède, la force qui peut remuer les montagnes, comme la Foi. L'infini, saturé d'atomes ignés, est le foyer inépuisable de l'électricité. Dieu tient dans sa main les premiers anneaux de cette chaîne motrice, et les derniers palpitent dans le cœur de tous les êtres vivants qui peuplent les mondes. L'électricité fait tourner l'univers sur son axe, comme un ballon d'enfant, et l'étincelle partie de l'étoile polaire, arrive à la *Croix du Sud* au moment de son départ, en traversant un espace que les calculs de l'homme ne mesureront jamais.

Cette force divine est encore ici-bas à l'école primaire; n'importe! elle fera ses études, elle grandira, comme toute chose née; on devine qu'elle sera la reine de l'avenir. En attendant que l'électricité développe ses facultés merveilleuses, on peut déjà préparer les voies à l'Océan du

Havre, dans la vallée normande où la Seine est providentiellement destinée à se changer en canal. Nous avons aujourd'hui une armée de jeunes ingénieurs qui marchent à la conquête de l'avenir. Aucun obstacle ne les arrête. Ils percent les montagnes comme des cerceaux de cirque ; ils fouillent les profondeurs de la terre ; ils comblent les vallons ; ils exhaussent les plaines ; ils renouvellent la face du globe et le cercleront de fer. Un canal maritime, de Paris au Havre, sera un jeu pour ces hommes qui sont à l'aise dans le domaine de l'impossibilité : ils viennent de sortir vainqueurs d'un travail d'Hercule bien plus merveilleux. En sept ans, datés de 1840, ils ont percé vingt-deux lieues de montagnes granitiques, pour conduire la Durance à Marseille sur les arceaux cyclopéens de Roquefavour. Toutes les fois qu'un projet grandiose se lève sur un horizon inconnu, le *statu quo* et la routine exécutent un duo furibond, dans leur hospice des Incurables, pour refouler dans le néant ce nouveau-venu. Le canal de Marseille fut déclaré impossible avant le premier coup de pioche. On attaqua violemment le projet à la Chambre des pairs. L'honorable M. de Cambis prononça un discours fort spirituel pour arrêter la Durance dans son lit, et le noble auditoire fut ébranlé un moment. En sa qualité de propriétaire riverain, M. de Cambis craignait de voir la Durance avalée par les Marseillais dans une orgie hydraulique, car la vieille fille des Phocéens mourait de soif depuis Tarquin. Un modeste feuilleton signé d'un nom marseillais, parut dans le journal *la Presse* et plaida la cause de la ville altérée. On s'attendrit, aux bords de la Seine, sur le sort de la Provence hydrophobe, et le canal fut voté. Aujourd'hui, si les architectes et les ingénieurs d'Agrippa revenaient dans les Gaules, ils s'avoueraient vaincus par l'œuvre prodigieuse de leur confrère Montricher. Le pont du Gard et les aqueducs romains qui amènent l'eau à Trévi et au sommet du Janicule, s'humilient devant notre merveille française, accomplie en sept ans.

La science a marché depuis cette époque. On perce le mont Cenis avec une vrille. On marie l'Océan indien avec la Méditerranée. On supprime le Cap de Bonne-Espérance et le cap Horn. La mer du Sud va se baigner, au premier jour, dans les lacs de Nicaragua. Liverpool et New-York causent comme deux voisins, dans une langue sous-marine. On joue aux miracles partout, et on ne canaliserait pas la Seine pour créer un Paris port de mer. C'est une question d'horloge. Dix ans ou un siècle de retard ont la même valeur numérique pour une capitale qui renaît dans son second berceau. Grenelle échancrera sa plaine pour une rade; c'est le travail d'après-demain. Il ne sera pas dit que la seule ville du monde qui montre un vaisseau dans ses armes, n'ait pas de port, et se borne à justifier son blason avec le coche d'Auxerre et la galiote de Saint-Cloud. La vierge de l'ile de Seyne, la fille prophétique des Gaules, qui conseilla les armoiries nautiques de Paris, obéissait à une bonne inspiration.

Quatre millions d'habitants, dont un quart de vagabonds, formaient le peuple de Rome sous Marc-Aurèle. Les historiens ont sans doute exagéré ce nombre; mais si l'on en retranche un million, il reste encore un encombrement assez considérable dans l'enceinte tracée sous ce divin empereur. Toutefois, la circulation devait être facile. Les chars et les quadriges n'avaient pas autant de numéros que nos voitures de places et de remises. Les omnibus n'existaient pas. Comme sous Dioclétien, les bœufs de Clitumne traînaient encore l'antique chariot des Volsques; mais ces rares véhicules marchaient avec une lenteur de charrue et n'incommodaient point le passant.

En réfléchissant sur l'avenir de Paris, on

voudrait résoudre le problème de la future circulation, et ici l'embarras est grand et la prévision hésite. Paris rebâti à neuf, Paris meublé de nouveaux monuments, Paris maritime, décuplera sa force d'attraction. Les flottilles à vapeur et les chemins de fer lui amèneront chaque jour des caravanes de riches oisifs et de nombreux locataires, venant lui demander droit de cité. Prenez Liverpool et Marseille comme points de comparaison. Ces deux villes ont quintuplé le chiffre de leur population en un demi-siècle. On peut donc prédire qu'à la fin du dix-neuvième, Paris aura trois millions d'habitants, avec un surcroît relatif de voitures utiles, de chariots volsques, d'équipages de luxe, d'omnibus à deux ponts et de chevaux effarés. Comment les passants s'y prendront-ils pour passer? Voilà la question.

Déjà, dans les soirs pluvieux de l'hiver, nous assistons au spectacle des ombres du Styx sur le boulevard. Un double courant de roues et de chevaux, voilés de brume, effrayants de tumulte, descend et monte la grande artère de Paris, et semble interdire le passage aux malheureux pères attelés à leurs femmes et à leurs enfants. Les familles et les bourgeois isolés stationnent, dans des poses mélancoliques, sur le trottoir du boulevard, sous de longues coupoles de parapluies, et attendent une éclaircie de roues pour hasarder un élan vers le trottoir voisin, en recommandant leurs âmes à Dieu. Aucun point du globe ne donne plus d'occupation à la Providence, ce divin sergent-de-ville de Paris. Il faut que ces pauvres piétons qui traversent ce fleuve de roues aient dans le coup d'œil un compas de sûreté infaillible pour s'échapper sains et saufs de cet archipel de Charybdes et de Scyllas. Les cris de terreur, les jurements des cochers, les hennissements des chevaux, le fracas des roues et des ferrailles, ajoutent un concert de sinistre harmonie à ce tableau de désolation.

En 1847, dans un feuilleton de la *Presse*, je proposai de bâtir des ponts sur ce fleuve de roues et de chevaux. Les ingénieurs ne traitèrent pas de paradoxe cette idée de sauvetage, et le plus jeune et le plus intelligent de tous, M. Bouquié, fit des plans admirables publiés depuis dans les journaux illustrés. Les édiles ne reconnurent pas l'urgence de ces ponts du Styx, et passèrent d'un autre côté; on n'admettait pas aussi alors l'urgence de l'élargissement de Paris; mais quand l'avenir lui aura donné un supplément de quinze cent mille âmes, style Vosgien, il faudra bien trouver un expédient pour rendre le passage nocturne du boulevard moins dangereux que le passage des Thermopyles ou le détroit de Magellan. L'Opéra nouveau ou le Grand-Hôtel augmenteront encore la vogue et la foule sur cette grande artère qui commence à l'angle du Faubourg-Montmartre et finit à la Madeleine. Nos édiles nouveaux aviseront.

L'Opéra nouveau, ai-je dit ; mais l'avenir de la liberté des théâtres nous promet bien d'autres futurs contingents sur le boulevard du Styx. Dans cette nouvelle question, les prophètes ont beau jeu. Le triomphe de l'esprit s'élèvera-t-il à la hauteur du triomphe de la matière? L'intelligence suivra-t-elle le progrès de l'architecture! Percera-t-on l'isthme de Suez de la bêtise, et l'avenir doit-il imposer silence au chœur universel du *Pied qui r'mue* et des *Bottes à Bastien ?*

Remontons encore, comme terme de comparaison, à l'époque de la liberté des théâtres, proclamée à Rome sous Auguste. Pour guider nos conjectures dans les mystères de l'avenir, nous n'avons que les analogies du passé.

Il y eut en ce temps-là une telle précipitation chez les architectes, que le théâtre de Fidènes s'écroula le soir de son ouverture, et engloutit dans ses ruines cinquante mille spectateurs. Ce léger accident fut à peine remarqué. Les édiles affichèrent au mur du *tabularium* une ordonnance après-la catastrophe, et on soigna les fondations sur tous les chantiers.

Alors le siècle de Périclès, enseveli dans les eaux du Pirée, reparut sur le Tibre. Une lampe merveilleuse fut créée par des poëtes divins, et l'architecture, leur empruntant les suaves contours de l'harmonie latine, matérialisa les admirables poëmes du portique d'Octavie et du Panthéon d'Agrippa. On jouait les immortels chefs-d'œuvre d'Athènes au théâtre de Marcellus, devant les maîtres des élégances, et l'empereur n'avait qu'un pont à traverser pour descendre du Palatin à la loge du *Podium*. La musique remplissait les intermèdes. Des chœurs de jeunes filles et de jeunes gens, élevés au conservatoire du soleil d'Italie, chantaient le *carmen seculare* d'Horace, sur le mode ionien; les tibicines exécutaient l'hymne national de Jules César partant pour les Gaules; et le fameux soliste Princeps, immortalisé par Phèdre, excitait l'enthousiasme des chevaliers et des hautes galeries, *altæ procinctiones*, en jouant les plaintes de Syrinx ou la mélopée des Océanides du *Prométhée* grec.

Ces magnifiques fêtes de l'intelligence durèrent assez longtemps; mais le goût public changea. Rome et ses faubourgs inaugurèrent partout les spectacles des yeux.

L'an 84 de l'ère chrétienne, douze mille ouvriers israélites, les fils des constructeurs des Pyramides, avaient élevé les quatre portiques de l'amphithéâtre de Titus, et le préfet d'Afrique avait envoyé aux belluaires une complète ménagerie de monstres de Barca. Cent mille spectateurs furent alors conviés aux fêtes du sang, aux combats des gladiateurs, aux luttes des éléphants et des lions. L'atmosphère de la Béotie couvrit le ciel romain et corrompit le peuple artiste. Les spéculateurs répondirent aux exigences du goût nouveau. On ajouta des monuments aux anciens déjà nombreux. Le lac Fucin donnait des spectacles de batailles nautiques, et on creusa vingt naumachies pour les galères rostrales. Les courses de chars devinrent plus que jamais à la mode. On accourait à ces jeux stupides des deux extrémités de Rome : du pied du Vatican et du quadrilatère du camp Prétorien. Le goût devint fureur : la fureur délire. Au grand cirque, ouvert au pied du Palatin, sur le chemin de la porte Capène, deux cent mille spectateurs, autrefois artistes, se passionnaient pour les casaques vertes ou rouges qui évitaient la borne au bout de l'*Épine*, et la tempête des applaudissements faisait trembler les deux collines du voisinage, le Célius et l'Aventin.

Le Champ-de-Mars, centre de Rome, était entouré de cirques et d'amphithéâtres, et partout salle comble. Les cirques Agonale et Flaminius, les amphithéâtres de Balbus et de Pompée ne le cédaient en grandeur et en magnificence qu'aux cirques de Salluste et de Flore, voisins des thermes de Dioclétien, et au cirque de Néron sur le Vatican. Les vrais dieux de Rome étaient partis. Sophocle, Euripide, Térence, Plaute, Sénèque, avaient disparu dans cet immense tourbillon d'ignoble poussière, soulevé par tant de roues et de chevaux.

La liberté des théâtres doit-elle donner un pareil état de choses à notre Rome française ? je n'hésite pas à dire non. S'il fallait subir cette décadence, nous voudrions voir rentrer l'édit libéral dans le néant, d'où le fit sortir la plus puissante et la plus haute des intelligences contemporaines. Mais, encore une fois, ce péril n'est pas à craindre. Les analogies des siècles ne se maintiennent jamais sur deux lignes parallèles jusqu'à la fin.

Sans doute, la littérature dramatique descendant toujours du sommet de sa pyramide, où

sont les raffinés du goût, doit perdre sa saveur
d'élixir en arrivant vers sa base, où sont les amis
du banal ; mais le feu sacré de la Vesta littéraire
sera toujours entretenu par des adeptes, nombreux encore, et ne s'éteindra pas complétement.
Puis, nous avons, pour nous aujourd'hui, une
muse de sauvetage, qui était au berceau dans
l'île du Tibre, et qui, devenue grande et déesse
aux bords de la Seine, se fera bâtir vingt temples
inconnus aux anciens. La musique a conquis sa
liberté ! Oh ! dans cette antique Rome, où Princeps jouait de la flûte, si le peuple-roi avait eu
pour contemporains Mozart, Cimarosa et Rossini, et les exécutants de notre Conservatoire,
avec quel fanatisme italien et quelle joie d'artiste il aurait abandonné le stupide fracas des
chars pour les mélodies de l'art divin ! Ayons
foi, nous, dans l'avenir, en voyant déjà ce que le
présent vient de nous révéler, grâce à l'intelligence du hasard. Un cirque a été ouvert, l'autre

jour, sur la zone du peuple, un cirque destiné au spectacle des yeux ; on y laissait le cœur à la porte, comme au cirque romain. Tout à coup un musicien d'initiative organise une armée d'exécutants, et envahit l'arène des jongleurs et des chevaux. Un inconnu sublime, nommé Beethoven, détrône la dynastie des Franconi, se pose en maître souverain devant les naïfs élèves de nos faubourgs, et entonne ses symphonies merveilleuses qui sont les vocabulaires de l'infini et l'harmonieux prologue de l'universelle civilisation. Cette fois, le moderne Orphée n'a pas dit, comme Virgile : *nous chantons pour des sourds, (nos canimus surdis) ;* il a trouvé chez le peuple parisien des oreilles intelligentes ; il a trouvé les riches du cœur chez les pauvres d'esprit. Toutes les mains bronzées par le travail de l'usine ont applaudi avec fureur, comme si elles avaient eu des gants ; tous les prolétaires ont compris du premier coup cette musique pro fonde, comme s'ils eussent été initiés par vingt ans d'étude dans les arcanes de la fugue et du contrepoint.

La liberté des théâtres, c'est la liberté de la musique. Vienne maintenant le Louvre des grands musiciens, le musée de l'art civilisateur, et l'avenir verra le résultat. On conserve avec respect, et à frais énormes, tout ce que la peinture a produit de chefs-d'œuvre dans son glorieux domaine, depuis Cimabuë jusqu'à Delacroix, bien que le Louvre ne *fasse jamais d'argent* ni *salle comble*, et nous n'aurions pas un musée qui exposerait les œuvres mélodieuses, depuis les vagissements de Palestrina jusqu'aux exquises partitions d'Hérold ! Cette anomalie cesse aujourd'hui d'être tolérable. Le siècle de la musique vient de naître avec l'édit impérial. C'était une honte de laisser dans la crypte de l'oubli tant d'œuvres admirées de nos pères et qui marquent les nobles étapes de l'art. Oui, le musée de l'avenir exposera les tableaux de Lulli, de Rameau, de Cimarosa, de Gluck, de Piccini, de Spontini, de Lesueur, de Mozart, de Weber, de Beethoven, et de tant d'autres maîtres criminellement oubliés. Nous savons que des directeurs intelligents ont essayé de mettre sur la scène de 'Opéra le *Freyschutz*, *Don Juan* et la *Vestale*, trois chefs-d'œuvre tombés. Tant pis pour les habitués de ce théâtre. Il y a une cour d'appel chez le peuple. M. Pasdeloup l'a prouvé. *Freyschutz*, méconnu à l'Opéra, malgré l'admirable Berlioz, a triomphé cent fois, sur le Théâtre-Lyrique, avec madame Gueymard. Affaire de zone et de public. Un Louvre lyrique à bas prix, et le public nouveau de Beethoven, le public du Cirque, ne connaîtront pas ces chutes aristocratiques. Veux-tu du nouveau? dira-t-on au peuple; viens à l'exposition de notre Louvre; en fait de musique, pour toi, il n'y a rien de plus nouveau que l'ancien.

Maintenant, formulons, pour l'avenir de Paris, le vœu qui termine le *chant séculaire* d'Horace, en changeant le nom de la ville. — *O soleil, puisses-tu ne rien voir de plus grand que la ville de Rome !* mettons *Paris*, et puisse Dieu exaucer notre prière ! Jupiter a été sourd. Après le *carmen seculare*, l'astre de la décadence se montra sur l'horizon du couchant.

LES SEPT-CASCADES

ÉPISODE DE LA GUERRE DE TRENTE ANS

I

La nature est une grande artiste, élevée à l'école de Dieu ; elle a surtout une qualité bien rare et peu imitée : elle est modeste ; ses plus belles œuvres sont exposées dans des recoins inaccessibles, comme si elle ne se souciait pas de l'admiration des hommes. Il faut qu'un heureux hasard conduise les explorateurs dans les musées où elle a travaillé pour sa propre satisfaction.

Une des plus émouvantes créations de la nature est, sans contredit, le merveilleux paysage exposé dans les profondeurs de la Forêt-Noire, et connu sous le nom des Sept-Cascades. Il faut gravir pendant trois heures une haute montagne bordée de torrents et de précipices, sauvage ou gracieuse succession de magnifiques tableaux qui conduisent par degrés au chef-d'œuvre du musée : le *summum opus* est au sommet, dans le voisinage du ciel.

Arrivé à ce point culminant de la Forêt-Noire, le voyageur est saisi de stupéfaction : il voit, dans un étroit encadrement de sapins, une prairie verte où s'amoncellent des ruines. On reconnaît à leur caractère qu'une pensée pieuse avait conduit l'homme dans cette Thébaïde aérienne, et qu'il y avait bâti une église et un cloître au siècle de l'art gothique et de la foi. « Un jour, dit la légende, le feu du ciel tomba sur le monastère, et son œuvre de destruction fut complétée ensuite par les ravageurs. »

Les hommes ont mis beaucoup de sacrilèges

sur le compte de la foudre et de ce qu'ils appellent la *faux du temps;* ils veulent faire oublier, au chapitre des désastres, leur part de collaboration.

Si l'on en juge par ses décombres, l'église des Sept-Cascades d'Allerheiligen était un chef-d'œuvre de l'art gothique, une digne sœur des églises de Friedberg et Marburg. Devant le parvis, le cloître déroulait ses arceaux, ses galeries, ses balustrades, dont les ruines s'étendent au loin. La foudre ne peut détruire d'un seul coup tant de choses. Le cœur se serre devant ce tableau de désolation, quoiqu'il soit égayé par la grâce du paysage, les fleurs de la prairie et le chant joyeux du torrent voisin.

En 1191, la pieuse duchesse Uta, épouse du duc Woff de Tuscien, fonda cette église et le monastère des Prémontrés d'Allerheiligen. Six ans plus tard, les moines vinrent s'installer dans l'abbaye, qui était fortifiée comme une citadelle : car, à ces époques de troubles et de guerres perpétuelles, un monastère était un lieu d'asile à peu près sûr pour les familles chassées de la plaine et n'ayant d'autre refuge que la protection de Dieu, au sommet des montagnes.

Pendant la guerre de Trente ans, en 1631, à la prise de Magdebourg, douze cents jeunes filles se précipitèrent dans l'Elbe, pour échapper aux vainqueurs. Devant l'abbaye des Prémontrés d'Allerheiligen, l'épouvantable précipice qui fait aujourd'hui notre effroi paraissait alors un refuge sauveur de plus, dans les extrêmes malheurs de ces guerres de violences et de destruction.

Un guide fait descendre les voyageurs par un sentier de chèvres presque perpendiculaire, et tout enchevêtré de broussailles et de branches de sapin. On entend, à gauche, le fracas des Sept-Cascades, mais on ne les voit pas : c'est une surprise que le guide ménage à ceux qui remonteront. Il faut ainsi descendre pendant une heure, avec des contorsions de funambules; on se repose au fond du val.

Du point inférieur de l'immense tableau, le spectacle fait oublier la peine et la fatigue. La grâce et la magnificence s'y confondent avec les plus sauvages horreurs. Deux montagnes, d'une hauteur prodigieuse, l'une taillée à pic et aride, l'autre couverte de sapins, se sont séparées dans une convulsion géologique, pour donner passage à sept cascades superposées, qui remplissent le défilé de leur harmonie éternelle : c'est un septuor sublime, chanté dans le désert, et se souciant fort peu d'avoir des auditeurs. Les eaux, selon les accidents du terrain, se précipitent avec furie, roulent avec calme, noires dans l'ombre, radieuses au soleil, blanches d'écume, pures comme le cristal fluide, folles sur les aspérités de l'abîme, tranquilles sur la mousse des bassins.

La main de l'homme a incrusté une échelle de Jacob, pour remonter au sommet des montagnes.

et suivre, dans son merveilleux vagabondage, ce chapelet de cascades. On traverse des ponts suspendus qui donnent la volupté du vertige ; on s'accroche à des rampes frêles qui tremblent sous la main ; l'admiration est si vive, qu'elle supprime toute idée de péril ; on peut, d'ailleurs, avoir pleine foi dans la solidité des ponts et de l'échelle : c'est un travail allemand.

Les poétiques imaginations du pays ne pouvaient manquer de peupler de héros et d'héroïnes légendaires ces contrées pleines de mystères. A toutes ces légendes fabuleuses, je préfère une histoire de 1631.

En ce temps-là un ouragan de fer et de feu désolait l'Allemagne. Gustave-Adolphe faisait sa course d'Attila chrétien ; il ravageait, massacrait, incendiait. La guerre de Trente ans servait de représailles à la journée de la Saint-Barthélemy.

Les alarmes étaient continuelles dans les pays

où les catholiques avaient gardé leur foi. A
chaque instant les caravanes fugitives traversaient le Palatinat et annonçaient quelque chose
de sinistre aux hameaux et aux fermes. Alors, les
jeunes gens couraient à leurs armes de chasse ;
les mères priaient devant les saintes images des
chaumières ; les jeunes filles, pâles d'effroi, prêtaient l'oreille aux bruits du dehors, et les vieillards envoyaient au ciel des regards empreints
de résignation.

Dans le voisinage de la contrée que nous venons de décrire, on voit le village d'Osterweyer,
Aujourd'hui encore, les catholiques y sont très-
nombreux. Un soir, sur la place de l'Église, la
foule était rassemblée autour d'un étranger qui
racontait des choses désolantes. « Le roi de
Suède, disait-il, marche sur le Rhin, qu'il veut
traverser pour ravager l'Alsace. Depuis Münzenberg jusqu'à Epenheim, il a tout incendié, en
passant par Nassau. Le château de Marburg, près

de Giessen, a seul été respecté, parce que Luther, Mélancthon et Zwingle y ont tenu concile en faveur du margave Philippe-le-Grand, qui demandait un divorce. Votre contrée n'est pas sûre; il y a d'affreux nuages dans l'air du Rhin. Vous allez voir tomber une pluie de feu et de sang. C'est le démon suédois qui passe : cherchez des abris! »

Et l'étranger reprit son bâton et allongea ses pas dans la plaine qui conduit au Rhin.

— Mon Dieu ! s'écria un vieillard, dans quel horrible temps vous nous avez fait vivre! Que votre nom soit béni !

C'était le patriarche de la contrée ; il se nommait Caster, et il possédait les plus beaux jardins du voisinage ; sa ferme s'élevait à cinquante pas d'Osterweyer, et, malgré son âge, il aidait encore son fils Karl dans les travaux des champs. C'était un de ces hommes de forte race, qui semblent participer de la nature des chênes et des sapins, au milieu desquels ils vivent. A son appel, Karl et une jeune fille, sa fiancée, nommée Christa, le suivirent sur le petit sentier de la ferme.

En voyant ses beaux jardins si bien cultivés, sa prairie où paissaient les bœufs et les chèvres, sa maison natale dont les murs se couvraient de fleurs, le vieillard pleura comme un enfant et dit à Karl :

— Mon cher fils, toutes ces richesses ne nous appartiennent plus ; elles seront la proie des bandits.

— Mais, dit le jeune homme, nous les défendrons : nous avons des armes, nous avons des serviteurs dévoués, et Dieu est avec nous.

— Et la pauvre orpheline, ta fiancée, reprit le vieillard ; veux-tu lui faire partager les affreux périls qui nous attendent ? Christa est un trésor qui nous a été confié, nous devons être son gardien... Tiens, regarde-la, notre fille, elle tremble

comme la colombe qui voit le vautour dans la
nue : elle brise mon courage. Oui, mon fils, les
femmes qui pleurent rendent les hommes poltrons.

Karl donna un regard à l'orpheline et son cœur
se serra. Elle était assise sur le rebord d'une
fenêtre basse, dans une attitude de désolation : sa
tête s'appuyait contre le mur, ses yeux regardaient le ciel, ses bras tombaient dans toute leur
longueur, sans chercher un appui. Elle semblait
écouter encore l'épouvantable récit de l'étranger,
et un léger mouvement de ses lèvres faisait
comprendre qu'une prière mentale s'adressait,
en ce moment, à Celui qui protége le faible contre
le fort.

Si tous les hommes avaient le respect de la
femme, il n'y aurait pas de guerre. Dans leur criminelle étourderie, les hommes oublient qu'ils ont
eu des mères, des filles ou des sœurs, et que, sur
un champ de bataille, ce sont les femmes qui dou-

blent le nombre des morts et des blessés. Celles-là, quand elles survivent, ne gagnent qu'un crêpe de deuil pour tout insigne d'honneur.

La nuit était venue. Les serviteurs déposaient sous le hangar leurs instruments de labour ; le troupeau rentrait aux étables. Mais les joyeuses chansons ne prêtaient plus leurs mélodies à ces rustiques scènes des beaux soirs de l'été. On ne songeait pas à allumer les lampes de la veillée et à préparer le repas du soir. Au moindre bruit insolite, les oreilles se penchaient vers l'horizon du nord, comme si on eût entendu le premier frémissement de cet orage qui ne vient pas des nuées du ciel.

La cloche de l'église avait sonné le dernier *Angelus* et le couvre-feu, et elle devait rester silencieuse jusqu'à l'*Angelus* du matin. Tout à coup on entendit, ou on crut entendre une gamme sinistre qui tombait du sommet de l'église, comme le premier appel du tocsin de l'incendie. Les paysans, toujours portés aux croyances superstitieuses, dans ce pays de légendes, affirmèrent qu'ils avaient vu une main de feu agiter le marteau de la cloche et disparaître ensuite, comme une étoile filante dans l'horizon ténébreux.

Ceux qui avaient vu le phénomène arrivaient à la ferme avec leurs armes de chasse, pour témoigner de la chose devant le patriarche, oracle du canton. Ceux qui n'avaient rien vu accouraient aussi, pour faire nombre en cas de danger, et veiller en famille d'amis pendant cette nuit qui s'annonçait si mal.

Les sons lugubres qui retentissaient par intervalles, au loin dans la campagne, ne furent plus confondus avec les harmonies de la nuit. Les oreilles exercées ne pouvaient pas s'y méprendre; ce peuple de bergers connaissait toutes les gammes du clavier de la nature, depuis la plainte monotone du grillon, jusqu'au cliquetis sourd des feuilles de chêne et à la mélodie vaporeuse des aiguilles de pins. C'était bien la plus effrayante des voix sauvages qui troublent le silence des nuits : la voix humaine ; le *vox ingens per lucos* du poëte latin.

Ceux qui doutaient furent bientôt convaincus. On entendait distinctement le refrain de la chanson des lansquenets du connétable, l'hymne impie des ravageurs qui avaient incendié Rome en 1527.

> Fiers lansquenets du connétable,
> Du connétable de Bourbon,
> Venez chanter et rire à table,
> L'hôtesse est belle et le vin bon.
> Au vieux rempart la brèche est faite,
> Nous prendrons la ville demain ;
> A notre dernière fête,
> Enterrons le peuple romain.

C'était la bande des pourvoyeurs de l'armée suédoise ; une escouade de *condottière*, qui remplissaient à cette époque l'office des fournisseurs. Ils n'achetaient pas les troupeaux et les approvisionnements : ils les enlevaient à main armée, et les vendaient ensuite à bas prix aux soldats. La spéculation ne laissait rien à désirer.

Le vénérable pasteur de l'église d'Osterweyer, réveillé en sursaut par les cris des femmes, se rendit à la ferme de Caster, et trouva les paysans armés et bien résolus à défendre leurs familles et leurs propriétés. Ils s'agenouillèrent tous devant le prêtre, et ayant reçu la bénédiction des agonisants, ils se relevèrent, remplis de courage et de foi.

Les femmes se rassemblèrent dans la grande salle de la ferme, pour s'associer au combat avec les armes de la prière. Celles-là ne sont pas souvent les moins redoutables; elles viennent de l'arsenal de Dieu.

La nuit était splendide; les grandes constellations éclairaient la plaine et les crêtes des montagnes. Les jeunes chasseurs, envoyés en reconnaissance, avaient pu compter les condottières;

ils étaient une centaine environ, tous plus habiles au métier de pillards qu'au métier de soldats, et ravageant toujours sans trouver de la résistance.

Arrivés devant les premiers arbres qui s'élevaient devant les fermes, ils furent saisis de stupeur. Un feu de mousqueterie, parti de mains invisibles, retentit comme un coup de tonnerre et décima les condottiere, qui ne s'attendaient pas à pareille réception. La clarté des étoiles ne leur montrait qu'une ligne de grands arbres et pas un ennemi. Cela leur parut surnaturel, et, sans attendre une seconde décharge, ils s'enfuirent tous comme des oiseaux de proie devant les chasseurs.

Cette victoire ne donna aux paysans qu'une satisfaction incomplète. Il était évident que cette bande de pillards servait d'avant-garde et qu'aux premières heures du jour les condottiere allaient revenir plus nombreux et plus ardents à la destruction. Un conseil fut tenu dans la ferme de

Caster, et une émigration générale fut décidée. Il n'y avait pas une minute à perdre. On avait encore cinq heures de nuit. Les familles se chargèrent de ce qu'elles avaient de plus précieux. Tous ceux qui marchaient avec peine, à cause de leur grand âge, montèrent avec les enfants sur des bêtes de somme, et tout le monde émigra. Les uns suivirent la route de Kehl pour passer le Rhin et trouver un refuge en Alsace ; les autres gagnèrent les montagnes de la Houb et de Lauf avec leurs troupeaux, pour vivre sous la tente du ciel, comme les premiers pasteurs. Le château de Windeck, alors très-bien fortifié, reçut beaucoup de fugitifs. Quant à la famille de Caster, elle prit la route abrupte du Mummelsée et du monastère d'Allerheiligen. Le prêtre seul ne voulut pas quitter le tabernacle confié à ses soins; il conseilla la fuite à tout le monde et il resta pour entretenir la lampe du sanctuaire et prier pour les fugitifs Ces traits d'héroïsme n'étaient pas rares en ce temps; on les accomplissait avec le calme du devoir, comme chose naturelle, et aucun historien ne les enregistrait ; les noms des égorgeurs étaient seuls jugés dignes d'être transmis à la postérité.

L'aube colorait la cime des sapins d'Unterwasser, et après l'office des *matines* l'économe de l'abbaye des Prémontrés se dirigeait vers Neuhaus pour acheter les provisions du jour. Bien que les statuts du couvent prescrivissent le régime du maigre, les moines avaient obtenu de l'évêque de Fribourg, dont ils relevaient, une infraction aux règles, à cause des incertitudes de ce malheureux temps. L'ordonnance épiscopale avait donc introduit chez les pauvres moines une grande tolérance alimentaire, qui mettait à l'aise l'économe. Les pensionnaires étrangers affluaient, d'ailleurs, depuis quelque temps à l'abbaye, et les devoirs de l'hospitalité gratuite devenaient chaque jour plus difficiles à remplir. Jugez de l'allégresse de l'économe, lorsqu'il aperçut une caravane composée de toutes les espèces de bestiaux descendant le chemin tortueux qui domine la prairie d'Allerheiligen ; c'était une fortune. Il importait fort peu au sage économe que ce troupeau eût été chassé de la plaine par les pourvoyeurs de l'armée suédoise ; il venait s'établir dans les pâturages voisins, et offrir ses laitages et ses rôtis à l'économat de la maison : c'était l'essentiel.

Le vieux Caster, qui ouvrait la marche, descendit de cheval, et, s'avançant vers l'économe, il lui dit :

— Que Dieu soit avec vous et les vôtres, mon frère. Nous venons demander asile au monastère des Prémontrés. Tous ce que nous possédons est à vous.

Cette scène avait un caractère biblique ; il semblait que la terre revoyait une seconde fois la caravane d'Abraham, lorsque le patriarche cherchait un refuge contre les sauvages maîtres du désert.

Karl, sa fiancée Christa et les serviteurs de ferme se tenaient debout derrière le vieillard, et ils attendaient la réponse du frère économe dans une attitude suppliante. Les chiens de garde veillaient sur le troupeau et ramenaient auprès des maîtres les bestiaux maraudeurs qui se mettaient au vert sans permission.

— Soyez les bien-venus, mes frères, dit l'économe. Notre abbaye est ouverte à ceux qui souffrent et cherchent un asile. Notre vénérable prieur, le Père Hiéronyme, vous parle par la bouche de son indigne serviteur. Au reste, ne nous soyez pas trop reconnaissants du service; en ces temps de disette, c'est nous qui serons vos obligés.

Aujourd'hui, la civilisation a introduit quelque adoucissement aux horreurs de la guerre, mais il est bon de donner une idée de ces calamités domestiques, qui frappaient, en ce temps, les pauvres familles, et que l'histoire a toujours dédaigné d'enregistrer, parce que, du haut de sa gravité, elle ne peut voir l'infinité des humbles détails.

Une vaste enceinte, percée de meurtrières, défendait alors l'église, la maison d'asile, le jardin potager, le couvent et les étables. Leurs ruines indiquent très-bien encore aujourd'hui ce plan primitif. Une porte basse, en bois de chêne, doublée de fer, était la seule issue visible qui conduisait à l'intérieur. L'art profane, qui ne perdait jamais ses droits dans les pieux monastères, avait donné des aspects charmants à tous les petits édifices voisins de l'admirable église gothique : il n'y avait disparate nulle part. Une gracieuse harmonie avait présidé au travail de l'ensemble. Les moines fondateurs n'auraient pas voulu amoindrir les merveilles du paysage par une architecture indigne de Dieu.

Une sérénité ineffable régnait dans cette enceinte ; c'était la douce atmosphère des cimes du Thabor. Ici, la sagesse, fille du ciel, donnait aux cénobites toutes les voluptés de l'âme, tandis que sur les plaines voisines, la folie, fille de l'enfer, s'enivrait de sang humain et des larmes des veuves et des orphelins. La gloire était dans ces plaines, disent les historiens. Gustave-Adolphe est un héros. On ne connaît pas le nom du fondateur de l'abbaye hospitalière des Prémontrés.

Le frère économe avait installé les nouveaux-venus, maîtres et serviteurs. La petite maison d'asile, réservée aux femmes, recevait une jeune recluse de plus, Christa l'orpheline. Les hommes trouvaient leurs dortoirs dans les granges, où abondait la paille de maïs. Les jours étaient sanctifiés par la prière et occupés par le travail. Caster et son fils Karl, habiles jardiniers, se faisaient remarquer par leur activité intelligente, et ne laissaient pas un pouce de terrain en friche.

Aucun bruit extérieur ne donnait des nouvelles du monde ; il semblait que le calme de l'abbaye était devenu l'état normal du genre humain, et que la paix universelle avait enfin été donnée *aux hommes de bonne volonté*, ainsi qu'il est écrit : *pax hominibus bonæ voluntatis*. Ces fracas de guerre qui remplissent les nuits d'épouvante ne troublaient plus le sommeil des femmes et des vieillards. On n'entendait, aux heures du silence, que le son de la cloche, le frémissement des sapins et l'éternel septuor des cascades, chanté dans les profondeurs du vallon.

Cependant les condottiere, repoussés par les paysans d'Osterweyer, trouvèrent aisément des recrues dans les traînards de l'armée. A la vigueur de la résistance, ils s'étaient fait illusion sur le nombre de leurs ennemis, et ils résolurent de tenter une seconde attaque lorsqu'ils se crurent en état de réparer, avec des forces nouvelles, leur premier échec. Il était d'ailleurs écrit dans les clauses de cette sauvage institution, que les camarades morts sur un champ de combat devaient être vengés.

A leur seconde campagne, ils arrivèrent en plein jour devant les fermes d'Osterweyer, et, ne voyant apparaître aucun habitant, ils soupçonnèrent un piége et se retranchèrent dans un ravin pour attendre et observer. A midi, la cloche de l'église sonna l'*Angelus*, ce qui démontrait, mieux qu'un autre indice, que le village n'était pas abandonné, mais qu'une embuscade de paysans en gardait les avenues. Des soldats réguliers, commandés par un chef courageux, se seraient élancés bravement vers le péril mystérieux, mais les condottiere mettaient dans leur tactique la prudence des pillards.

C'était un jour de dimanche.

Au coup de trois heures, la cloche sonna l'appel des vêpres, comme en temps ordinaire, pour convoquer la population au saint lieu.

Ce pieux appel retentit trois fois.

Personne ne se montra dans l'allée des tilleuls qui conduit à l'église, mais les condottiere entendirent une voix qui entonnait le *Deus in adjutorium meum intende*, la préface des vêpres, ce cri de détresse sublime que la terre envoie au ciel.

Il y a, dans certaines natures perverses, des retours subits vers le bien qu'elles doivent à des souvenirs d'enfance. Cette voix, qui sortait de l'église, opéra, sur le cœur de bon nombre de ces soudards, cette réaction salutaire qui est la convalescence morale après les maladies de l'âme ; mais ceux-là étaient en minorité dans la bande : toutefois, ils parvinrent à persuader aux plus endurcis qu'il n'y avait à soupçonner aucune embuscade, aucun péril dans un village où la cloche se faisait entendre, où le prêtre célébrait l'office dominical, et tous, sans quitter leurs armes, s'acheminèrent vers l'église, et, voyant la porte ouverte à deux battants, ils entrèrent au moment où le prêtre donnait la bénédiction à des fidèles absents.

Le vénérable officiant n'éprouva aucune émotion en voyant son église envahie; il redit une seconde fois son *Benedicat vos omnipotens Deus*, et d'une voix ferme qui imposa aux plus endurcis. Ce fut, dans des proportions moindres, comme aux jours d'Attila, lorsque le pape Léon Ier arrêta aux portes de Rome ce terrible fléau de Dieu et sauva la ville éternelle d'une complète dévastation. Le souvenir de sa mère ébranla aussi le roi des Huns, et le ramena subitement à l'heureuse époque de sa vie où il était chrétien.

Un seul acolyte, vieillard à cheveux blancs, répondait aux versets du prêtre et lui servait de compagnon dans la solitude du presbytère et du village. L'office terminé, ils descendirent tous deux de l'autel, et, le sourire aux lèvres, ils s'avancèrent avec calme vers la bande des ravageurs.

— Mes frères, leur dit le prêtre d'une voix pleine de douceur, vous n'êtes pas venus ici dans de louables intentions, je le vois, mais l'esprit de Dieu vous a sagement inspirés dans son sanctuaire; vous méritez de devenir d'honnêtes gens, Voici le conseil que vous donne un vieillard, votre ami : Passez le Rhin, allez en France, et changez de métier; celui que vous pouvez prendre vaudra toujours mieux que le vôtre. Allez, mes frères, je vous confie à la garde de Dieu.

Il salua les condottiere par un geste bienveillant, et remonta vers le sanctuaire.

La conversion avait encore fait des progrès dans la bande; le nombre des endurcis venait d'être réduit à vingt, dit la chronique de Mayence. Cette minorité n'osa pas se montrer hostile envers les autres, mais elle fit scission, et tandis que les plus nombreux se dirigeaient vers le Rhin, en se frappant la poitrine comme les soldats du centurion de Jérusalem, les pillards incurables prirent au hasard le chemin de Notre-Dame-des-Tilleuls.

Les pluies qui tombent toujours dans ce pays au commencement de l'été, avaient tellement détrempé les terrains, qu'ils gardaient encore les vestiges délateurs de la caravane de Caster. Pour confirmer des conjectures déjà trop évidentes, un serviteur, chassé pour méfaits graves du château de Windeck, vint donner aux pillards les détails les plus circonstanciés sur la récente émigration d'une riche famille d'Osterweyer. Les bandits apprirent donc que le butin était considérable, ses défenseurs peu nombreux, et qu'une jeune et belle fille se trouvait, avec les fugitifs, dans un couvent de refuge situé au sommet de la montagne.

Une joie sinistre éclata dans la bande fauve. Tous les raffinements leur étaient offerts par cet heureux hasard, et ils escaladèrent, au pas de course, les pentes escarpées d'Allerheiligen.

La sécurité paraissait si bien acquise désormais aux réfugiés du couvent, que, tous les soirs, Caster et ses garçons de ferme menaient paître leur troupeau sur les hauteurs voisines. Ce jour-là, et à l'heure où la bande impie arrivait, les chiens donnèrent des signes d'inquiétude en allongeant leurs narines subtiles du côté de l'ennemi. Cet avertissement était toujours jugé infaillible. L'instinct de ces animaux n'est pas sujet à erreur, comme notre raison. Caster, voilé par les arbres, suivit de l'œil la direction indiquée par ses molosses, et il aperçut l'escouade sauvage, qui, probablement, pensa-t-il, était l'avant-garde du bataillon des bandits. Le temps lui manquait pour rallier son troupeau et descendre au monastère ; il s'enfonça dans la forêt de sapins avec ses bestiaux, ses chiens et ses valets de ferme, en se prouvant de son mieux que son fils et la jeune orpheline n'avaient rien à redouter dans la sainte forteresse gardée par de vaillants défenseurs. Ce bon vieillard était, avant tout, de la race des patriarches pasteurs; il aimait son troupeau comme sa famille, et ses chiens comme ses meilleurs amis.

De vallons en cimes, Caster gagna les hauteurs du Mummelsee, le lac des ondines de la légende, une des merveilles de la poétique nature allemande.

Les chiens du monastère, qui flairaient l'air aussi, poussèrent des hurlements lugubres qui signalaient l'approche de l'ennemi. Le moine qui sonnait l'*Angelus* du soir, monta au sommet du campanile et découvrit les brigands. Le crépuscule allait s'éteindre dans la nuit.

A l'église, le prieur achevait les Complies et entonnait le verset qui recommande nos âmes à Dieu : *In manus tuas, Domine, commendo spiritum meum.* Au dehors, le cliquetis des armes accompagnait la voix de l'officiant.

Karl, suivi d'un petit nombre de défenseurs

armés, courut aux meurtrières du mur d'enceinte pour attendre un mouvement d'agression et justifier la défense en faisant retomber sur la tête des assaillants sacriléges le crime du sang répandu.

II

Les condottiere, se voyant arrêtés par de hautes murailles dont les corniches étaient en saillie, tinrent un conseil de rapine pour adopter un moyen d'attaque favorable. La nuit descendait d'un ciel couvert de nuages, ce qui rendait les ténèbres plus intenses, et le vent agitait les sapins avec tant de force, que les assiégeants ne pouvaient entendre aucun bruit venu de l'extérieur.

Les deux bandits les plus résolus trouvèrent un expédient qui fut vivement approuvé par les autres. Ils s'armèrent de haches, et rampant, comme des reptiles sur les hauts gazons, ils arrivèrent devant la porte pour la briser. Aux premiers coups donnés sur le bois de chêne, Karl arriva, suivi de cinq hommes armés, et par les meurtrières supérieures, ils exécutèrent un feu plongeant qui renversa morts les deux bandits.

A la clarté de la détonation, les condottiere virent tomber leurs camarades, et ils poussèrent des rugissements, répétés de montagne en montagne par des échos sans fin.

Alors une idée infernale tomba dans le cerveau de ces démons. Ils trouvaient un puissant auxiliaire dans le vent furieux qui agitait les forêts circulaires qui encadraient le couvent comme des murs de chênes, de hêtres et de sapins, et, se distribuant les points d'attaque, ils allumèrent quinze grands feux dans les endroits touffus et brûlés par le soleil, et livrèrent deux montagnes aux flammes.

L'incendie fit des progrès rapides des bases

aux cimes ; deux murs de feu s'élevèrent comme deux pics de l'enfer, autour du couvent, avec des fracas horribles. La tempête tordait les colonnes de l'incendie et les lançait en spirales vers un ciel noir. Bientôt deux cataractes de tisons enflammés s'écroulèrent du haut de ce brasier gigantesque, et les flammèches, balayées par un vent furieux, envahirent la vaste enceinte du cloître et la remplirent d'un jour sinistre et d'une trombe de feu ; et, au-dessus de cet ouragan formé par la chute des sapins déracinés, les sifflements de l'incendie, les mugissements du vent du nord, planait le son lent de la cloche qui sonnait le glas des agonisants.

Épouvantés de leur œuvre, les condottiere s'étaient réfugiés sur le sommet de la montagne qui domine à pic les Sept-Cascades, et là, favorisés par la direction du vent, ils pouvaient contempler cet immense tableau d'incendie, et savourer leur vengeance en suivant de loin toutes les phases de ce travail de destruction. Si un passant se fût égaré dans cette solitude aérienne, il aurait cru voir une bande de démons souriant à l'enfer exhumé de leurs mains.

Aux premières lueurs de l'incendie, le prieur avait compris que le jour du sacrifice était venu ; il s'était rendu à l'église, suivi des moines, pour célébrer l'office de leurs funérailles et mourir au poste d'honneur, pour donner un bon exemple de plus, en ces temps d'horrible persécution. Dieu seul était le témoin de cette sublime scène, qui ne demandait rien aux applaudissements des hommes. Le chant funèbre du *Requiem* ne réclamait pas, cette fois, le repos éternel pour les morts, devant un catafalque, mais pour les vivants prêts à mourir, et cinquante victimes entonnaient pour elles le verset qui supplie les anges de conduire leurs âmes au ciel [1].

[1] *In paradisum deducant te, angeli.* (Chant de l'Absoute).

Alors un jeune homme s'avança vers le prieur et lui dit :

— Mon père, voici ma fiancée Christa. Je demande qu'elle soit mon épouse devant Dieu, afin que le serment qui nous lie trouve sa vérité à l'heure de notre mort.

Le prieur fut ému pour la première fois dans cette nuit : il voyait, agenouillés devant lui, un jeune homme et une orpheline, destinés à vivre de longs jours, et demandant, pour mourir, le sacrement conféré à ceux qui doivent vivre. Karl montrait l'héroïque fermeté du martyr, et sa figure rayonnait de joie, comme si son bonheur terrestre était attaché à ce mariage de la tombe ; mais Christa n'apportait à la cérémonie que le faible courage de la résignation. A l'heure d'agonie où le prieur bénissait, en pleurant, les deux époux, Christa fit un suprême effort pour si montrer digne de son fiancé ; mais, en se relevant, lorsqu'elle vit flamboyer les vitraux de l'église, comme si l'incendie allait les mettre en fusion, elle fut saisie d'un effroi nerveux, et ses lèvres convulsives murmurèrent trois fois :

— Je ne veux pas mourir !

— Pauvre femme ! dit une voix.

Le frère économe avait fait entendre cette exclamation de pitié.

Christa se retourna, et, serrant la main du frère, elle lui dit :

— Merci ! vous avez compris, vous, qu'une femme est faible. Mon Dieu ! qu'ai-je fait pour mourir si jeune, et mariée à mon fiancé Karl ?

Le prieur entonnait le *Laudate,* que les moines redisaient en chœur comme aux jours de calme et de grande solennité.

Le frère économe s'approcha de Karl, qui fondait en larmes, et lui dit à l'oreille :

— Il y a une chance de salut ; voulez-vous la tenter ?

— Pour elle ! dit Karl.

— Suivez-moi, reprit le frère.

Karl entraîna sa femme et suivit l'économe dans la nef latérale, où les flammes extérieures ne donnaient encore aucune clarté.

Au fond d'une petite chapelle, sous l'autel de la Vierge, il y avait une trappe cachée par les ornements d'une nappe flottante. Le moine conducteur alluma une bougie, souleva la trappe, et descendit un escalier qui conduisait à un long souterrain.

Karl et Christa l'avaient suivi.

Le moine s'arrêta et leur dit :

Une seule porte visible sert d'entrée au couvent. Ce souterrain vous mène à une poterne invisible, cachée par d'épaisses broussailles, et assez éloignée de la limite du mur d'enceinte. J'ai proposé à notre prieur de nous faire tous évader par cette porte de salut. « C'est la porte de la mort, m'a-t-il dit, et de la mort honteuse : la mort du soldat de Dieu qui déserte. Les démons de l'enfer rôdent aux environs ; ils nous attendent; nous tomberions devant eux comme des fuyards : mieux vaut tomber devant Dieu comme des martyrs. » Vous voyez que je ne vous cache pas le péril.

— La bonne Vierge viendra à notre secours, dit Christa : je viens de réciter le *Salve, Regina* dans sa chapelle. Ne perdons pas de temps.

— Écoute, Christa, dit Karl, réfléchis bien. Le danger que nous allons courir est plus affreux que celui que nous évitons. Je suis seul pour te défendre contre les bandits, et, s'ils me tuent, que vas-tu devenir, pauvre enfant?

— Eh bien! alors, dit la jeune fille, je me souviendrai de mes sœurs de Magdebourg. Nous sommes entourés ici de précipices qui sauvent les femmes : je ne te survivrai pas. Mais, tant que Dieu me fera luire un rayon d'espoir, je veux vivre, je veux vivre! la mort me fait peur.

Et elle s'élança dans les ténèbres du souterrain, en entraînant son mari.

L'air humide avait éteint la bougie de l'économe, et ils ralentirent leurs pas dans l'obscurité. Le frère reprit les devants, et, s'éclairant à tâtons, avec ses mains, à travers les sinuosités du lieu, il parvint à la poterne et prit l'énorme clef qui devait l'ouvrir.

Les ressorts de la serrure étaient rouillés et ne fonctionnaient plus depuis longtemps. Tous les efforts tentés par le moine paraissaient inutiles; la clef ne tournait pas. Au cri de détresse poussé par la jeune femme, Karl se mit à l'œuvre, et sa vigueur herculéenne, doublée encore par la voix lamentable de Christa, triompha de l'obstacle. La porte rebelle s'ouvrit enfin.

— Oh! s'écria l'orpheline, si nous devions mourir hors du couvent, Dieu n'aurait pas voulu que cette porte s'ouvrît.

— Cher frère et chère sœur, dit l'économe, que tous les saints veillent sur vous et que vos anges vous conduisent, afin que vos pieds ne se heurtent pas aux pierres du chemin [1].

— Et vous nous quittez? demanda Christa.

— Oui, ma sœur, dit l'économe, et dans une heure je serai au ciel, où je prierai pour vous.

Un sourire séraphique accompagna cet adieu du moine résigné.

La porte se referma.

Une végétation sauvage obstruait cette avenue mystérieuse du couvent. Il fallait se frayer un chemin à travers ce massif d'arbustes et de plantes sans nom, qui croisaient leurs branches selon leurs caprices. C'était un travail pénible et qui exigeait des ménagements; car lorsque le vent se taisait, on entendait le moindre bruit dans cette atmosphère si pure. Karl n'avait d'autres instruments que ses mains, pour ouvrir une issue; mais des mains adroites et vigoureuses, habituées à des travaux bien plus difficiles; et

[1] *Ne forte offendas ad lapides pedem tuum* (Évangile.)

s'il eût été seul, notre robuste défricheur aurait fauché tous ces obstacles en un seul instant.

En se plaçant aujourd'hui sur les ruines de la balustrade qui domine la prairie, on peut voir à droite, un peu plus loin, le commencement d'un petit sentier, voilé par une allée naturelle de grands arbres. C'est là que Karl et sa jeune femme s'arrêtèrent, à leur sortie du souterrain, pour remercier Dieu et le prier de continuer pour eux son œuvre de délivrance.

Devant eux, l'obscurité la plus noire descendait dans les abîmes de la montagne et des bois de sapins. Du côté du monastère, l'incendie éclairait l'immense tableau de destruction, comme le plus radieux soleil de l'été. Le chant des religieux prémontrés et l'accompagnement de l'orgue retentissaient encore sous les voûtes saintes, qui, en s'écroulant, devaient tout engloutir.

Karl détourna de ce spectacle ses yeux mouillés de larmes, et conduisit Christa jusqu'à ce plateau qui se nomme aujourd'hui la *Chaire de l'ange*. C'est le point culminant d'un précipice à pic, dont aucun pinceau ne saurait reproduire les ténébreuses horreurs. Même aujourd'hui, en plein midi, l'œil qui veut sonder cet abîme se ferme d'effroi, car le voyageur redoute d'obéir à la fascination du vertige et à la voix des torrents qui mugissent sur les roches. Dans cette affreuse nuit, l'infernal conseil monté de l'abîme comme un appel de démons tentateurs, pénétrait dans l'âme des deux fugitifs, en doublant le pouvoir du vertige. Ils se regardèrent comme pour se communiquer la même idée et la soumettre à une mutuelle approbation. La fuite paraissait impossible, dans cette forêt perpendiculaire, ce labyrinthe végétal, pavé de ronces, troué d'abîmes. Un épouvantable fracas venait de retentir à leurs oreilles, et une trombe de feu, montant au ciel, annonçait l'écroulement de l'église et l'héroïque mort des martyrs. C'était une honte de leur survivre; toutes les voix de la nuit leur reprochaient une lâche désertion, et les échos, répétant à l'infini le fracas de la ruine, semblaient s'acharner dans un cri d'anathème et de malédiction.

La *Chaire de l'ange, Die Engelkanzel,* était bien nommée. Au moment où les deux jeunes époux, enlacés l'un à l'autre, se penchaient sur l'abîme, une voix intérieure leur dit que cette action, qu'ils croyaient honorable, était un crime devant Dieu; que, sans doute, il leur était permis de ne pas se défendre devant des bourreaux, mais qu'il leur était défendu d'être eux-mêmes les auteurs de leur mort.

— C'est notre bon ange qui nous a retenus, dit naïvement la jeune femme; et elle ajouta avec une conviction digne de ces siècles de foi : Je sens encore sur mon bras l'empreinte de sa main.

— Moi, dit Karl, j'ai été retenu par un souvenir qui m'est arrivé subitement à l'esprit... un miracle de la chaire de l'ange... C'est une histoire de... de... Maltus et de sa femme... elle m'a été racontée quand j'étais enfant par un frère quêteur [1].

— Ce doit être bien beau ! dit Christa en s'appuyant contre un sapin... Raconte, je t'écoute.

— Ils étaient deux chrétiens, reprit Karl, un jeune mari et sa femme, tous deux esclaves d'un maître idolâtre. Une nuit, ils s'échappèrent, comme nous, pour trouver un asile et vivre selon les lois de leur religion. Il leur fallait traverser un grand désert où rôdaient les bêtes fauves, où les reptiles venimeux se cachaient sous le sable et les buissons ; mais ils avaient foi en ce verset de l'Écriture : « Celui qui met sa confiance dans le Seigneur foulera aux pieds le lion et le serpent. »

— Oh ! interrompit Christa, comme ces paroles

---

[1] On trouve cette histoire des deux fugitifs dans les œuvres de saint Jérôme.

saintes donnent du courage! on dirait qu'elles viennent du ciel.

— Elles en viennent, ma chère épouse, reprit Karl... Le lendemain du jour de leur évasion, les deux chrétiens fugitifs aperçurent, bien loin derrière eux, un nuage de poussière et virent briller des armes. C'était leur maître qui s'était mis à leur poursuite avec un serviteur païen comme lui. Un refuge providentiel parut s'ouvrir devant les deux pauvres esclaves : une caverne au bas d'une montagne ; ils se blottirent non pas au fond, mais dans un pli de rocher qui se trouvait à gauche, à quelques pas de l'entrée. Le maître les avait aperçus de fort loin, et, arrivé devant la caverne du refuge, il ordonna à son serviteur de descendre du dromadaire et de s'emparer violemment des deux chrétiens. Cet envoyé pénétra jusqu'au fond de l'asile, et mit un si long retard à reparaître, que le mécréant irrité se munit de toutes ses armes, et entra dans la caverne, où il subit le sort de son serviteur ; il fut étranglé par un lion qui cherchait l'ombre et la fraîcheur au milieu du jour. Après une longue attente, les deux chrétiens, n'entendant aucun bruit, et s'expliquant très-bien le mystère, parce qu'un rugissement de bête fauve était arrivé du fond à leurs oreilles, se décidèrent à sortir, et les dromadaires s'offrant à eux en inclinant leur dos, ils se servirent de ces montures, et atteignirent une tribu chrétienne aux extrémités du désert.

Avec cette histoire, contée si à propos, Karl changea la jeune fille en femme forte ; il lui donna cette énergie chrétienne si nécessaire dans cette nuit, pour braver la mort en cherchant le salut.

Après avoir sondé le terrain autant que l'obscurité pouvait le permettre, Karl reconnut qu'il était impossible de descendre dans la plaine de ce côté des cascades. Il avait autrefois suivi une chasse sur les cimes de la forêt voisine, et il se souvenait d'avoir trouvé à la gauche du vallon une pente douce, graduellement ménagée vers le midi [1].

Plein de confiance dans ce nouveau plan, Karl, suivi de sa femme, revint sur ses pas, jusqu'à l'endroit où le ruisseau tranquille se fait torrent et se précipite dans le gouffre. Là, il s'arrêta un moment pour donner un dernier regard aux ruines fumantes du monastère. L'incendie avait accompli son œuvre. Quelques sapins brûlaient encore au sommet des deux montagnes, mais ils n'éclairaient plus le fond du tableau. En songeant à tant de victimes ensevelies sous les cendres, Karl s'étonna de ne pas trouver au fond de son cœur les larmes intérieures que méritait un si grand holocauste. Il les enviait beaucoup plus qu'il ne les plaignait. Dans la vie des peuples, arrivent des époques désolées où il est plus facile de mourir que de vivre ; et quand la sérénité

[1] Aujourd'hui, la descente par la côté droit est encore des plus pénibles, quoique l'industrie locale, pour favoriser les touristes, ait détruit beaucoup d'obstacles.

revient, on est confondu d'admiration devant un héroïsme qui, aux jours orageux, était la vulgaire vertu de tout le monde.

En gagnant l'autre côté de la montagne, Karl et Christa ne se doutaient point qu'il entraient, comme les deux héros de saint Jérôme, dans la caverne des lions.

Les *condottiere*, accablés par la fatigue et les vapeurs des vins rhénans, s'étaient endormis au carrefour de la forêt, comme d'honnêtes laboureurs après la moisson; une seule sentinelle veillait pour moraliser le brigandage, en lui appliquant les coutumes de la guerre.

La robe blanche de Christa, en se détachant sur le fond noir des sapins, passa comme une apparition fantastique devant les yeux de la sentinelle presque endormie, et la fit tressaillir en arrêtant un cri de terreur sur ses lèvres. On entendit seulement le cliquetis de son arme et un murmure sourd qui traversa l'air.

Ces bruits légers, mais très-distincts dans le silence du désert, ne pouvaient être attribués aux harmonies de la nuit; Karl, doué comme tous les campagnards de l'exquise perception de l'ouïe, devina que l'ennemi rôdait dans le voisinage, et il s'enfonça dans ces massifs de sapins qui dominent l'épouvantable précipice à pic que le voyageur admire avec effroi en remontant les Sept-Cascades.

Après son premier moment de frayeur nerveuse, le bandit reprit l'usage de la voix et réveilla en sursaut toute la bande. Ces *condottiere* étaient de francs incrédules, comme leurs aïeux du connétable; ils ne virent dans le fantôme qu'une femme échappée du couvent, et se partagèrent en deux escouades pour l'atteindre à coup sûr. Les uns restèrent au carrefour; les autres s'enfoncèrent dans le bois, au pas de course, pour couper la retraite sur la pente qui descend à la plaine. D'ailleurs, le jour allait bientôt poindre et rendre la fugitive visible à tous les yeux.

Alors, dit la chronique allemande de Mayence, les dernières étoiles du couchant virent un spectacle qui n'a jamais eu son égal dans les nuits de persécution.

Au bruit des pas et au cliquetis des armes, Karl comprit le mouvement stratégique des bandits : les deux seuls chemins praticables lui étaient fermés; il fallait trouver l'issue impossible avec l'aide de Dieu.

Il arriva, suivi de sa femme, à la dernière ligne des sapins qui bordent le sommet de la montagne, et vit sous ses pieds un mur de granit d'une hauteur prodigieuse et poli comme une feuille de vélin.

Dans ce vallon des Sept-Cascades, les accidents géologiques se succèdent avec une variété infinie; c'est une succession d'épouvantes qui ont toutes leur caractère particulier. En suivant la corniche dans la direction du Midi pour découvrir le chemin providentiel, Karl arriva sur un point où la forêt descendait de la cime en étageant des touffes de sapins horizontaux sur la paroi d'un gouffre à pic dont la base était invisible, car les rameaux des arbres, se détachant des crevasses comme des gradins végétaux et mobiles, voilaient la profondeur du précipice.

Karl regarda trois choses presque à la fois : l'abîme, le ciel et sa femme.

— J'ai deviné, dit Christa à voix basse, mais résolue, et je viens de réciter le *Salve* pour la troisième fois.

— Bien! fit le jeune homme; saint Bernard a dit que *le serviteur de Marie ne périra jamais* [1].

Il déroula la longue ceinture qui ceignait ses reins, lia étroitement les bras de sa femme au-dessus des mains libres pour donner à son précieux fardeau un double point d'appui autour du cou : excellente précaution, car si les mains de

[1] *Servus Mariæ nunquàm peribit.* (Saint Bernard.)

la jeune fille venaient à faiblir, elle était encore retenue sur les épaules du vigoureux jeune homme par les nœuds de la ceinture.

— Maintenant, dit Karl, ferme les yeux et prie les anges gardiens.

On ne trouve de pareilles scènes que dans les rêves de la fièvre; une montagne à pic qu'il faut descendre, une nuit livide, des frémissements d'arbres, des chutes d'eau noire, des plaintes sinistres dans un air ténébreux.

En hasardant son premier pas sur ce chemin vertical, l'héroïque jeune homme conçut un léger espoir de réussite; l'arbuste qui servait de premier gradin de descente, en se détachant des crevasses du roc, était vigoureux et résista bien à la pression des pieds. Il y avait chance de salut si les fugitifs trouvaient le même appui à toutes les marches superposées de l'escalier végétal. Karl, suspendu sur l'abîme et accrochant ses mains aux rameaux supérieurs, agita son pied

dans le vide, et trouva enfin un second point
d'appui qui lui permit de respirer et de se fami-
liariser avec un péril qui aurait épouvanté les
plus braves des héros légendaires. Il s'agissait
ensuite de faire fonctionner avec la même adresse
le mécanisme des mains et des pieds, et de n'a-
bandonner le secours des branches supérieures
qu'après avoir assujetti les talons sur l'arbuste
du dessous. Le moindre écart, la moindre précipitation, entrainait une catastrophe. Il fallait
lutter chaque minute avec la mort et la prévenir
par un sang-froid surhumain. Deux lèvres douces
effleurant l'oreille de Karl murmuraient une
prière : c'était comme le souffle de l'ange gardien, qui relevait le courage au moment où il
allait être abattu, car toutes les marches de
l'échelle aérienne n'offraient pas la même solidité au pied hésitant ; il n'y avait pas alors de
choix possible : la résolution ne pouvait être
ajournée. Le fardeau vivant descendait enfin sur

la branche suspecte, en s'efforçant de maintenir son équilibre, malgré les effrayantes ondulations du terrain; chaque station calmait les angoisses et en préparait de nouvelles. Le chemin déjà parcouru était fermé aux regrets; l'immobilité sur la branche était impossible, il fallait descendre, descendre toujours, sans s'effrayer des secousses, des craquements et des horreurs du vide. Une sorte d'orgueil servait d'auxiliaire au courage, et donnait un énergique supplément aux forces épuisées : il avait droit d'être fier, celui qui se frayait ainsi un chemin impossible à travers l'espace nu pour sauver une jeune femme, et n'ayant que Dieu pour témoin de son action.

Les sept cascades ont chacune leur réservoir, et chaque chute d'eau psalmodie une gamme différente : la dernière, en se précipitant sur son bassin qui s'échappe en ruisseau, exécute un trio joyeux, composé de trois instruments : la cataracte verticale, le réservoir écumeux et le ruisseau babillard. C'est la voix de ce dernier exécutant qui annonce le voisinage de la plaine et la finale des sept cascades.

Karl avait dans le sens de l'ouïe la juste perception des distances ; il éprouva donc une joie bien vive, en entendant la voix de ce ruisseau qui courait vers la prairie avec tant de gaîté, comme s'il eût été ravi de ne plus se heurter aux aspérités des précipices. L'aube commençait à poindre sur la cime des montagnes, mais le fond du val gardait ses ténèbres. Karl recevait donc de ses oreilles le service que ses yeux lui auraient rendu en plein jour. Il voyait en écoutant.

Les pieds du jeune homme étaient donc bien près d'atteindre la terre ferme, les doux gazons du salut. En cherchant à tâtons le gradin végétal qui probablement devait être le dernier, Karl ne rencontra cette fois que le vide. C'était à donner le désespoir après la joie ; car il suffisait, au bas de la forêt saillante et verticale, d'une solution de continuité, d'un soubassement de granit de quinze pieds de hauteur, pour rendre inutiles et mortels tant d'héroïques efforts tentés depuis le premier pas de la descente. Il s'arrêta, voulant donner un peu de calme à son cerveau, réfléchir, ou attendre de Dieu une bonne inspiration.

L'aube laissa tomber une traînée d'opale au fond du vallon, et les cheveux de Karl se hérissèrent : il assistait à la plus émouvante péripétie des rêves fiévreux. Au dessous du dernier gradin, le roc se détachait dans sa nudité désespérante ; pas un rameau sauveur, une crevasse, une aspérité, un de ces accidents de terrain où les mains et les pieds peuvent se cramponner dans la phase suprême du désespoir.

La nécessité redoutable, *sæva necessitas* du poëte, est la mère de l'invention. Si Karl eût été seul, il n'aurait pas hésité à franchir l'espace qui le séparait du sol : c'eût été pour lui un jeu de chasseur; mais la pauvre fille n'aurait pu le suivre dans le saut périlleux. Dans les heures des périls extrêmes, la pensée fonctionne avec une rapidité merveilleuse. Karl se rapetissa autant que possible, pour faire asseoir Christa sur la large branche de sapin, leur dernier point d'appui; il dénoua la ceinture, la lia ensuite par un bout à une forte racine, et fit flotter le reste sur l'abîme. Cette échelle de sauvetage parut trop courte de moitié, mais Karl ne s'inquiéta pas de cet inconvénient, qu'il avait d'ailleurs prévu.

Christa gardait toujours un silence obstiné, de peur de donner, par un mot ou un souffle, une émotion à son intrépide sauveur.

— Sois forte, chère femme, lui dit-il, comme tu l'as été jusqu'à présent, et nous serons sauvés. Attends-moi.

Il se suspendit à la ceinture, en appuyant ses

pieds sur le rocher, et, parvenu à l'extrémité de cette échelle, il sauta sur les hautes herbes, tomba sur ses genoux, et remercia Dieu.

Ensuite, il s'arma de son couteau de chasse, et, avec une prodigieuse activité de faucheur, il moissonna des gerbes d'arbustes et des guirlandes de feuillages, qu'il entassa par couches molles au-dessous du gradin où Christa était assise. La jeune femme n'attendit pas que la lacune fût entièrement comblée; en s'aidant de la ceinture, elle n'eut qu'un court espace à franchir pour toucher le lit de feuillages et tomber dans les bras de son mari.

L'aurore versait dans la campagne ses clartés tranquilles, et montrait aux fugitifs un chemin de salut dans les sillons voisins, où abondaient les seigles mûrs et les maïs. Il n'y avait pas un instant à perdre, car, du haut de la montagne, les *condottiere* pouvaient découvrir nos deux fugitifs, et tant d'héroïsme aurait été dépensé en pure perte. A la faveur du vent qui agite les épis, Karl et Christa parvinrent à travers la plaine, sans craindre de faire soupçonner leur passage ; et, quand ils furent hors de portée de tout espionnage, ils se dirigèrent vers le Rhin, par des routes non battues, et firent une halte dans la montagne et sous le toit hospitalier d'une chaumière de bûcheron. L'avenir ne leur donnait aucun souci. Karl portait dans son escarcelle une petite fortune, en belle monnaie d'or et d'argent; mais ils n'osaient encore se livrer à une joie complète. Avant tout, il fallait traverser le Rhin et s'établir en Alsace, où, pensaient-ils, le vieux Caster les attendait.

Cette humble histoire domestique est non-seulement liée aux merveilles des Sept-Cascades, mais encore à la grande histoire de ces affreuses époques. Si un palais s'écroule dans une guerre, il entraîne dans sa chute beaucoup de chaumières, mais l'historien ne s'occupe que du palais. Il faut donc faire quelque chose pour ces pauvres troupeaux d'hommes qui souffrent par la folie du pasteur. Il y a une moralité au fond de ces modestes épisodes, dédaignés par la trop grave Clio. Le fameux vers

Quidquid delirant reges plectuntur Achivi

aurait dû mieux conseiller les historiens et leur imposer le devoir de nous peindre toutes les misères que les petits subissent quand les grands se battent follement entre eux pour se désennuyer.

Ainsi, voilà deux jeunes époux qui semblent avoir épuisé tous les miracles de la Providence pour échapper aux atroces fantaisies de la guerre; ils ont traversé le Rhin, ils ont trouvé un asile dans cette bonne Alsace qui se prépare à devenir française. Les voilà établis à Ribeauvillé, charmante petite ville renommée pour ses vignobles, ses beaux jardins, ses admirables paysages et ses trois châteaux, superbes domaines des comtes de Ribeaupierre. Karl a acheté une petite ferme dans le délicieux vallon qui conduit à Sainte-Marie-aux-Mines ; ils ont trouvé là le bonheur, quoiqu'ils l'aient mérité ; ils ont des voisins qui les aiment et ne leur portent point envie ; ils se livrent à ce travail des champs, plus doux que le loisir ; ils ne forment qu'un seul vœu, car ils n'ont à désirer qu'une chose, le bonheur de voir la merveille chrétienne, œuvre de leur compatriote Erwin, de Steinbach, la cathédrale de Strasbourg : voilà toute leur ambition.

En ce temps-là, le soleil se couchait dans l'azur et se levait dans les nuages couleur de sang.

Trois lieues séparent le Rhin de la petite ville de Ribeauvillé. Un bruit sinistre s'est répandu dans les fermes : Gustave-Adolphe a passé le grand fleuve ; il vient mettre la belle Alsace à feu et à sang.

A cette nouvelle, on émigre en masse vers la

montagne. Karl et Christa suivent les fugitifs et sont accueillis dans une grande ferme de Sainte-Marie-aux-Mines par un patriarche que la foule entoure de respect. L'asile paraît sûr. On peut y attendre la fin de cette tempête qui se lève sur la route des villes et ne pénètre pas au fond des vallées. Après une nuit de bonne hospitalité, Karl va remercier le patriarche, et lui demande le chemin qui conduit à l'église.

— Nous n'avons pas d'église, mon frère; nous nous réunissons dans cette ferme pour prier et lire la Bible; nous sommes de la religion des anabaptistes, c'est-à-dire que nous ne donnons le baptême aux enfants qu'à leur âge de raison. J'espère que vous serez des nôtres, mon frère Karl?

Le jeune homme salua le patriarche et vint conter sa visite à Christa. — Nous voilà donc, lui dit-il, obligés de reprendre le bâton de pèlerin; mais quelle rage ont les hommes de vouloir toujours inventer des sectes! Voilà les anabaptistes maintenant! Éloignons-nous, en secouant la poussière de nos souliers. Ce lieu n'est pas bon. L'hérésie qui nous donne l'hospitalité est aussi dangereuse que l'hérésie qui nous chasse. Allons en France, par le chemin de la montagne. Un jour peut-être, après tant de fatigues, Dieu daignera nous donner le repos.

Du haut de la montagne, on entendait d'horribles rumeurs sur la route de Colmar. Le météore suédois passait dans l'air. Les trois châteaux de Ribeauvillé tombaient dans les vallons, en se couronnant de flammes, et laissaient en Alsace les plus belles ruines de la rive gauche du Rhin; c'était un tableau dans le musée de Gustave-Adolphe, et la torche de l'incendiaire ne s'éteignait pas, elle demandait toujours de nouveaux aliments, et les historiens, enflammés d'enthousiasme pour tant de gloire, ouvraient au héros les portes du temple de l'immortalité.

Un an s'écoula, et tant de victimes de cette affreuse guerre furent vengées. Gustave-Adolphe tomba sur le champ de bataille de Lutzen, et sa mort donna quelque repos à l'Europe. Chose digne de remarque ! un autre roi de Suède, Charles XII, dévoré, comme son aïeul, du besoin de la guerre et de la *soif de la vengeance*, c'est Voltaire qui s'exprime ainsi, fut atteint du même coup de mort, devant Frederickshald, quatre-vingt-six ans après la tragédie de Lutzen, en nombre 1718. Deux bonnes leçons qui, par extraordinaire, ont été utiles ; car la Suède, après avoir, par deux longues guerres, prouvé que ses enfants pouvaient marcher les égaux des plus braves soldats de l'Europe, a vécu dans la sagesse de la paix, et conquis sa prospérité intérieure sans la demander aux batailles et à l'agrandissement de ses horizons.

Vers 1634, c'est-à-dire deux ans après la mort de Gustave-Adolphe, un grand nombre de familles fugitives rentrèrent dans leurs domaines d'Allemagne, et beaucoup de villages déserts furent subitement repeuplés. Le charmant village d'Osterweyer revit presque tous ses fermiers, et les plus aimés, le patriarche Caster, son fils Karl, et la jeune Christa.

Aujourd'hui, lorsqu'on traverse ces riches campagnes, ces beaux jardins, ces vertes prairies, où la paix et l'industrie ont amené tant d'abondance, ont créé tant de richesses, il semble que l'histoire de ces horribles malheurs est une fable de romancier; on doute de la véracité des chroniques, des traditions, des légendes; mais si le désir de voir du nouveau vous saisit et vous conduit sur les hauteurs d'Allerheiligen, on rejette la fable, et on croit à l'histoire devant ces grandes ruines, ces augustes débris, qui gardent sous le lierre la date d'une guerre d'incendie et de dévastation.

La part de l'histoire étant ainsi faite, il me

reste à payer une dette de reconnaissance en mon nom' et au nom des trop rares voyageurs qui bravent la chaleur du solstice d'été pour aborder les sublimes solitudes des Sept-Cascades. L'Allemagne méritait d'avoir des ruines, ces funèbres joyaux du passé. En aucun pays ces précieuses médailles de granit ne sont mieux conservées dans le reliquaire des montagnes; en aucun pays on n'a donné autant de facilité aux voyageurs pour changer les précipices en routes carrossables, et conduire une caravane du fond des vallées à la cime des forêts. Mais ce serait encore peu de chose, si les pèlerins se voyaient désolés par la famine et la soif, dans le musée de Gustave-Adolphe. La bonne Allemagne a tout prévu. Quand vous distinguez une belle ruine, à travers les bois de sapins et dans le site le plus sauvage, vous pouvez affirmer que le *Gasthaus* ou restaurant n'est pas loin. On ne saurait donc reconnaître, par trop d'éloges et même de réclames sentimentales, le zèle de ces aubergistes aériens, qui s'emprisonnent pendant un hiver de sept mois, sous des lambris de neige, pour préparer le couvert et le lit aux voyageurs de juillet. La vie de ces honorables industriels est vraiment exemplaire. L'hiver les environne de toutes ses horreurs; autour d'eux, les avalanches grondent, les loups hurlent, les sapins mugissent; les jours sont ténébreux comme des nuits; les nuits sont longues comme des semaines du mois d'août; que font-ils pour se distraire, ces anachorètes des ruines? Ils attendent les Russes et les Français, et préparent la glace pour frapper le champagne et le markobruner. C'est admirable!

C'est un homme de vénérable aspect, M. Mittermayer, qui a établi une auberge sur les cimes d'Allerheiligen, et une auberge sérieuse qui ne laisse rien à désirer. On y trouve même des lits qui permettent aux Français d'y dormir, chose rare en Allemagne. Lorsque le voyageur vient de remonter l'escalier sans fin et vertical des Sept-Cascades, il trouve dans la maison de Mittermayer un édredon de sybarite qui donne au sommeil des songes de légendes : on vit, pendant deux heures de sieste, avec les fées, les lutins, les ondines, et tout le personnel fantastique du lac Mummelsee et des cascades voisines. Il est même fort agréable de passer la nuit sous ce toit si doucement hospitalier; le clair de lune y donne des effets merveilleux, et qu'on ne retrouve pas même au Colisée de Rome ou dans les ruines de Heidelberg. Le voyageur voit de sa fenêtre la magnifique abbaye qui jonche de ses débris les gazons d'alentour, et encadre toute une forêt de sapins dans ses ogives béantes. Une ruine religieuse a toujours un caractère particulier : il n'en est pas de plus émouvantes; il y a des larmes dans ses pierres, des voix dans son cloître muet, une flamme sur son autel ténébreux. A

moins de l'avoir ressentie, on ne peut se faire
une idée de la sensation qu'on éprouve, lorsqu'au
milieu d'une nuit d'été on regarde cette admirable ruine, pavée aujourd'hui par les tronçons
de ses piliers et les cadavres de ses statues, et
qu'en écoutant les lamentations des cascades
dans le silence de la nuit, on reporte sa pensée
vers les innombrables histoires qui ont traversé
ce désert avec tant de fracas pour y laisser le
néant.

Par bonheur, ce néant est doublé de l'auberge
de Mittermayer; elle n'est pas défendue par une
forteresse, comme au temps du prieur Hiéronyme; elle tient sa porte ouverte à tout le monde,
et n'a point de potence; elle ne redoute plus les
Sarrasins, les lansquenets du connétable et les
condottiere du grand Gustave; elle démontre
victorieusement que, malgré ses imperfections,
le présent vaut un peu mieux que le passé. La
Chaire de l'ange nous dit la même chose : elle

est entourée aujourd'hui d'une forte balustrade ; on y gagne des vertiges impunément. Karl et Christa, s'ils revenaient au monde, pourraient s'y asseoir et faire ces beaux projets d'avenir qui sont les rêves des jeunes époux.

FIN

TABLE

	Pages.
A M. Justin F***, d'Arles.	1
I. — L'Idéal d'un étudiant	7
II. —	19
III. — Le Promenoir du Rhône.	30
IV. —	40
V. — L'Amour rend diplomate.	53
VI. — Une Querelle d'Allemands	65
VII. — La Dépêche	77
VIII. —	87
IX. — Le Village des Baux.	99
X. —	108
XI. —	117
XII. — A Heidelberg	129
XIII. —	136
XIV. — Les Deux Oncles	145
LE PENDANT DE LA VÉNUS D'ARLES.	155
PARIS AVANT, PENDANT ET APRÈS.	183
I. — Avant. — Paris sous Louis XIV.	183
II. — Paris pendant	196
III. — Après.	209
LES SEPT-CASCADES. — Épisode de la Guerre de Trente Ans.	234

LAGNY. — Imp. VARIGAULT.

www.ingramcontent.com/pod-product-compliance
Lightning Source LLC
Chambersburg PA
CBHW071129160426
43196CB00011B/1834